真达买家

THE NEW RULES OF MARKETING & PR

How to Use News Releases,
Blogs, Podcasting,
Viral Marketing & Online
Media to Reach
Buyers Directly

@

让别人免费帮你卖产品的
网络营销公关新规则

[美] 戴维·米尔曼·斯科特 著
David Meerman Scott

袁长燕 译

重庆出版集团 重庆出版社

The New Rules of Marketing and PR by David Meerman Scott

Copyright © 2007 by David Meerman Scott

Original English language edition published by Jossey-Bass

This edition is published by arrangement with John Wiley & Sons International Rights, Inc.

Simplified Chinese edition Copyright © 2011 by **Grand China Publishing House**

This translation published under license.

版贸核渝字 (2010) 第 230 号

图书在版编目（CIP）数据

直达买家 /〔美〕斯科特（Scott, D.）著；袁长燕译 . —重庆：重庆出版社，2011.4
书名原文：The New Rules of Marketing and PR

ISBN 978-7-229-03796-3

Ⅰ . ①直… Ⅱ . ①斯… ②袁… Ⅲ . ①电子商务－市场营销学 Ⅳ . ① F713.36
中国版本图书馆 CIP 数据核字 (2011) 第 023360 号

直达买家

ZHIDA MAIJIA

〔美〕戴维·米尔曼·斯科特 著

袁长燕 译

出 版 人：罗小卫
策　　划：中资海派·重庆出版集团科韵文化传播有限公司
执行策划：黄 河 桂 林
责任编辑：朱小玉 朱兆虎
版式设计：王若羽
封面设计：瀚 憎 杨秋波

重庆出版集团
重庆出版社 出版

（重庆长江二路 205 号）

深圳市彩美印刷有限公司制版印刷
重庆出版集团图书发行有限公司发行
邮购电话：023-68809452
E-mail：fxchu@cqph.com
全国新华书店经销

开本：787mm×1092mm 1/16 印张：13.5 字数：200 千
2011 年 4 月第 1 版 2011 年 4 月第 1 次印刷
定价：32.00 元

如有印装质量问题，请致电：023-68706683

David Meerman Scott

To my friends in China—
I wish you great success
implementing the ideas in
this book.
Remember, on the Web,
you are what you
publish!
Best Regards,

致中国的朋友们：

我希望你们通过践行本书的理念而获得极大的成功。

记住，在网上，你就是你所发布的！

致以最美好的祝福！

戴维·米尔曼·斯科特

权威评论

杰伊·康拉德·莱文森

游击营销之父，《游击营销》系列丛书作者

　　互联网与技术的联系远不如与人的联系那么紧密。戴维·米尔曼·斯科特的新书《直达买家》意义深远。它不仅仅涉及到互联网的技术层面，更深入探讨了互联网对人的影响。他确立了新的规则体系，告诉读者如何应对由此带来的影响，并获得最大收益。全书案例丰富，贴近生活，引人入胜。

马克·列维

《如何说服强硬派》合著者，列维创新营销战略公司创始人

　　《直达买家》指导读者通过使用各种用途广泛、影响深远的社会媒体工具，展开思想领导活动。对于任何想要为自己的观点博取一席之地，为组织和自身扬名的人来说，该书都是一本珍贵的指南。

唐·邓宁顿

在线交流者国际协会总裁，K-Tron 国际有限公司商务沟通部经理

　　用"革命"一词来描述互联网带来的影响似乎已经太过泛滥。但在本书中，戴维·米尔曼·斯科特的确是在运用并推动这种革命。他批判了媒体旧规则的陈腐无用，向公众展示了只有少数行家才能自如玩转的营销奥秘。借助这本网络革命的规则指南，凭借新媒体的新规则，你能赢得人心，攻占市场。

罗伊·杨

专业营销网站 MarketingProfs.com 财务总监

《营销活动：营销力改善实用策略》合著者

营销传播有近 60 年的历史，一直以来，它的目的在于推广信息，以促使潜在客户按我们的需要行动。而现在，营销传播的意图在于同潜在客户进行交流，并引导、说服他们采取行动。这一转变主要是由互联网和电子通讯方式的普及所引发的。戴维·米尔曼·斯科特指出，当今营销的内涵在于参与和联系，而不再是强迫与屈服。

菲尔·麦尔斯

Pragmatic Marketing 公司总裁

在商业圈摸爬滚打这么多年并经营了好几家公司，我逐渐意识到，从前靠操纵营销组合获利的老桥段已变得陈腐不堪。书中戴维·米尔曼·斯科特的描述令人神往，证明新规则确实优于旧规则。关键在于新规则斩断了巨额广告费用中盘根错节的交流死结，打破了其中故弄玄虚的神秘感。对任何想在公司运营中削减成本，同买家进行直接交流的执行官而言，这是本必读书。

罗恩·佩克

神经病学基金会常务董事

如果你不想在旧有的互联网营销与公关策略上浪费时间和财力，那一定要读读这本书。戴维·米尔曼·斯科特回顾了适用于旧世界的旧规则，同时为你的事业搭建了一座通往互联网营销与公关新规则的桥梁。他并不是纸上谈兵，而是提供了切实可行的实践方案。

多诺万·尼尔 - 梅

美国营销总监委员会常务董事

《直达买家》是一本关于在传统功能领域破旧迎新的著作。通过标新立异的非传统方法，进入并运营一个包括受众、团体及思想领导者的立体网络世界，帮助公关从业者理解新规则带来的新价值、新影响和新成果。公关从业者通过书中描述的新规则，可以打破旧有的束缚，为自己的知识、文案和直觉管理技巧找到新出路。通过直接接触和激发关键客户和利益共享者，互联网扩大也细分了财富的新大道。对营销专家和公关老手来说，这是本值得一读的好书。

罗杰·C.帕克
《现代互联网营销指南与设计方案》作者

《直达买家》为成功提供了一个行动计划简写本。斯科特并不仅仅局限在单一的解决方案上，而是采用多种网络工具来提高公司知名度和口碑。

克里斯·霍耶尔
专业传媒俱乐部 Social Media Club 合伙创始人

在社会进化的道路上，我们再次面临至关紧要的转折点。个人的力量，正在同那些控制知识流向的传统看门人的权利进行博弈。作为传媒行业从业者，我们还没能弄清楚世界到底发生了怎样的转变以及应对方案。如果你不马上另辟蹊径，恐怕就没法继续在传媒界工作了。在突破常规习以为常、交流与协作新方法层出不穷的世界里，有什么办法能让一个富有职业道德又辛勤工作的传媒人获得成功呢？戴维·米尔曼·斯科特的《直达买家》有着深刻见解的洞察力，透析游戏规则的更迭，而它的某些关键技巧会帮你在知识经济时代获胜。

专家推荐 I

孙路弘
中国十大营销专家之一

"广深高速"上网络营销的曙光

当读者您开始翻阅这本书的时候，先回答一个问题，你这本书是从如下哪个地方购买的：

A. 网络上购买的（比如当当网、卓越网、淘宝网，或者任何一个网络图书服务的供应商等）。

B. 书店购买的（比如新华书店、你工作附近超市中的一个图书门市，或者路边的书摊等）。

如果你阅读本书的时间是 2010 年，那么，你的回答是 A 的可能性为 87%。因为在 2010 年，有关网络类别的图书中有 87% 的图书是通过网络直接销售给读者的，而不是通过现实中你能够看到的新华书店。

从读者买书的人数上来看，北京、上海、广州等一线城市，每 100 个买书的人中有 79 人都是通过网络购买图书的。武汉、成都、杭州等二线城市，每 100 人中有 53 人通过网络购买图书。宁波、郑州、石家庄等三线城市，每 100 人中也有 37 人开始通过网络来购买图书了。

通过以上的数据，我们可以推测你是通过网络购买本书的可能性非常大，高达60%以上。那么，作为本书的宣传以及推广工作就应该首先在网络上开始，而不是沿用传统的方式，在新华书店悬挂横幅，或者在传统的报纸上刊发新书资讯。事实上，这些传统的方法已经消失了10年。当然，还有一些是畅销书，比如水均益的图书是通过媒体发布会的形式来传播的，类似畅销书中有约66%的读者是通过传统的书店购买的。

我在整理自己的2010年日常消费的开支时，对日用的产品按照购买方式进行了分类，一类是通过网络购买的，一类是到超市实体店面购买的。如同你所料，通过网络购买的金额占72%。

如果你要发布一个全新的产品，仅仅将广告发布到电视上，或者报纸上，或者在店面发传单，那么，所有这些信息都无法让我获知，也就不会促使我去尝试，或者购买。

《直达买家》这本书也一样，如果能够直接将本书的信息通过网络的形式来发送，那么，就能够让较多的人获知其信息，从而决定是否购买。

这本书就是用来迎接网络时代的黎明的。这本书提炼了网络营销领域的全新的模式，4B营销，超越了传统的4P营销。4B分别是BBS，Blog，Broadcast，Bacteria，译成中文就是论坛，博客，播客，以及病毒营销。这4种方法都是网络时代的营销模式。高科技提供了一种便捷的方式，让消费者与厂家之间可以直接沟通，无论是发布信息，还是互动地交流信息，都通过互联网时代的各种沟通方式快速地、直接地交流。了解产品的信息，对产品进行横向纵向的比较，了解其他人如何运用产品，或者其他购买的人给了哪些评价。这些都是以往传统的营销模式无法解决的。而且，这些事情，每天都在实际生活中发生着。

你想发布自己的产品吗？或者想让更多的人了解你的能力，从而给你一份工作吗？或者有一个伟大的想法希望得到更多人的认同，并与你一起讨论吗？运用4B的模式吧。

4B是工具，是途径，是手段。当然，你还需要内容，你必须有创新的产品信息，必须有独特的个人见解，必须有突出的说法，必须有爆炸的题目。也就是说，通过 4B 的工具，你还需要足够的内容来进行不断的传播，不断地扩大达到的面，并真正形成足够的影响力。

这本书也给你足够的线索来完成内容的创作，构思和加工汇总的模式。在互联网时代加工企业发布的信息内容时要遵守的 4 个法则，分别是：

1. 内容覆盖面要广；
2. 内容要有足够的深度；
3. 信息内容还要能够达到一定的思想高度；
4. 对系列性的内容要强化更新的速度。

这就是关于互联网时代网络营销影响力的最重要的 4 个字：广、深、高、速。

反反复复阅读本书至少 3 遍，并结合企业自己的实际情况来对比网络营销方面的做法，通过 4B 的模式一条一条地核对，对企业自己定期发布的宣传内容按照广深高速的方式一条一条地验证，也许你就能走出一条网络营销的大道，在黎明曙光的照耀下，走进互联网时代。

一本书能够书写出全新的营销篇章，一个章节能够提出一个营销的问题，一个段落能够启迪一个营销的创意。

我自己就是实际的体验者，也是网络营销的实践者，当然，我自己也阅读了 3 遍，找出了更多的市场推广的线索，新颖的思路。我不过是一名普通的读者，你也能够做到，既然书已经在手，那就开始阅读吧。

让我们共同在网络上分享彼此的阅读感受，你可以将阅读体会发给我，我的邮箱是 yes4you@gmail.com。在黎明的曙光中，让我们在互联网的大道上一同前行！

专家推荐Ⅱ

罗伯特·斯考伯（Robert Scoble）

波特播客公司媒体开发部副总裁

《财富博客》（*Naked Conversations*）合著者

个人博客：Scobleizer.com

把信息转化为信誉与销量

没有人逼你非要具备戴维·米尔曼·斯科特在《直达买家》中阐述的那些能力，也没人让你拿着 250 美元的摄像机去拍摄员工的工作镜头，了解他们对自己制造的产品的想法，然后再把视频传到互联网上去。可这恰恰是我在微软的工作，通过上传这种视频，公司每月都能吸引 400 多万名独特的访客。更没人强求你像斯托默霍克那样，作为南非的一家酿酒厂经理，斯托默霍克利用本书介绍的营销方法，在一年内使销售量翻了一番。

也没人期望你以博主、摄像师及 Flickr（网络相簿新宠，相片分享与服务网站，由位于加拿大魁北克省的 Ludicorp 公司设计。——译者注）摄影师的身份参与总统竞选。不过，2006 年 12 月，约翰·爱德华兹的确是这么干的。

过去 10 年里，这个世界的变化太大了。举个例子，我们有了搜索引擎谷歌，但那不过是人们困惑的组成部分。

如何展开蜂鸣营销

口碑营销对商业经营历来举足轻重。20世纪80年代，我在硅谷帮人经营一间相机店，这家商店的销售额占我们销售总量的80%。"这个周末我到哪里去买相机？"过去，你可能经常听到这种话。眼下，这种对话是在网上进行的。关键在于，现在可不只是两个人在谈论你的生意，现在有数以千计甚至上百万人在参与其中。Engadget（由彼得·罗杰斯〔Peter Rogers〕创立的科技博客。——译者注）在2006年1月的电子消费品和麦金塔世界展（*Consumer Electronics and MacWorld*，是专门针对Macintosh〔麦金托什〕系列产品的计算机杂志，由总部设在美国旧金山市的出版商MacPublishing按月出版，1984年开始发行。——译者注）展销会期间，单日浏览量超过1 000万次。

这意味着什么？现在，我们得开始同新媒体打交道了。你的公关团队最好赶快了解如何运用新媒体（目前其影响力可媲美《纽约时报》或CNN）。一旦掌握其中奥妙，你就能展开蜂鸣营销，获得新产品反馈，提高销售量等。

零成本如何打造企业新形象

你所在的营销部是否考虑过花8万美元拍个视频？（即便是现在，这也没什么稀奇。我就曾参与过我们一家赞助商的视频制作过程。）如果真有这样的打算，那告诉营销部："谢谢，但千万别回谢。"为做得更好，你去谷歌上搜索"它（果汁机）能使果汁混合吗"。你会发现，这家地处犹他州的病毒式营销公司网站的下载量不到10天就能达到600次，同期还有1万多条读者评论。想达到这样的广告效果么？花几百美元做个1分钟的视频，并上传到YouTube，你就大功告成了。

要不，就像我为微软做的那样写博客，做播客。《经济学人》（*Economist*）杂志说我为微软制作了一张"人脸"。想想看，用几乎可以忽略不计的成本，我就为一家有6万名员工的大公司营造了新的企业形象。

当然，这种方法并不适用于每个人。大多数人不希望业务过快增长。他们觉得，加强管理和监控或者让营销部来帮公司规避责任不失为一种好方法。又或许，他们不想因互联网的"非居间化效用"（指制造商或服务提供商避开中间商，采取直销的做法。——译者注）毁了自己公司公关和营销部的名声。

在谷歌、Live.com、雅虎里搜索"纯文本博客"（One Note Blog），你会搜到克里斯·普莱特利（Chris Pratley），他是微软"纯文本"团队的负责人。你也可以搜索"太阳首席执行官"（Sun CEO），你会找到乔纳森·施瓦茨（Jonathan Schwartz）和他的博客。

你可以在他们的博客上留言，说对他们的产品表示失望，看他们有什么反应。或者直言不讳向他们要折扣价，看他们会不会马上回复你。

这就是你将要进入的新世界。在那里，你与权威人士之间的关系，跟搜索引擎最优化策略同等重要。在这个世界，关于你的一切都能在瞬间传遍全世界。不相信？

当我决定离开微软到硅谷一家新兴公司波特播客（PodTech.net）时，互联网在第一时间得到了这个消息。

在一次视频博客会议（可不是一线明星见面会）上，我把这件事告诉了参会的15个人。当时是星期六下午，我请他们在下周二之前不要透露给其他人，因为我还没通知老板。

可还是有人走漏了风声。当然不是发表在《纽约时报》上，也没有在CNN上展开讨论，而是一位我闻所未闻的博主，第一个发布了这条消息。

几小时内，这个消息出现在上百个博客上。2天后，该消息出现在《华尔街日报》、《纽约时报》、BBC网站首页、《商业周刊》、《经济学人》以及世界各地140多份报纸上（连朋友们都从澳大利亚、德国、以色列、英国及其他国家和地区给我打电话问是什么情况）。微软的公关代理人瓦格纳·埃德斯特罗姆一直关注这次事件，他说在最初一周内，多达5 000万媒体的报道中出现了我的名字。

人们为什么信任我而不是其他人

哇噢，到底是怎么回事？如果你的故事有噱头，那么，全球范围内的博主、播主、视频博主和其他权威人士会疯狂地进行报道，引来上千万人进行讨论。只要你在像掘客（Digg）那样的网站上出现过一次，就会吸引成千上万的访客。

这到底是怎么回事？

其一，很多人认识我，有我的电话号码，知道我开什么车，认识我太太和儿子，知道我最好的朋友是谁，还知道我在哪里上班，并且在我以微软名义的网址http://channel9.msdn.com 上，看过约700次我的视频节目。

其二，他们还知道我在哪里上大学（高中、初中）以及不计其数的细节。你猜，他们怎么会无所不知的？原来有人在维基百科网站上写了一页关于我的介绍，我自己却毫不知情。

那么，维基百科的这页信息转化成了什么呢？转化成了信誉和权威。人们开始了解我，熟悉我的来龙去脉，知道我充满激情，是技术达人，他们逐渐开始信任我而不再是其他公司。

通读本书后，你会懂得如何在创业后赢得信誉。认真拜读，尽情享受吧！

献给斯科特家族的女性

我的母亲　卡罗琳·J.斯科特

我的妻子　渡边勇香·斯科特

我的女儿　艾莉森·C.R.斯科特

目 录
CONTENTS

第一章　　迎接网络营销新时代　25

　　　　如果你像千千万万精明商人那样，目标是同买家直接交流；如果你在努力让你的组织赢得更多的网络曝光率；如果你想让顾客参与公司的促销活动使他们购买公司的产品，那么加入我们的队伍吧。

第1节　别了，营销旧规则　26

第二章　通过网络交流直达买家 57

现在的情况与从前已大不相同。网络把各种公司、非营利组织、政治运动、个人，甚至教堂和摇滚乐队转化成"出版人"的角色。作为出版人，在没有出版社参与的情况下，所有这些组织都能通过打造精彩的在线新闻发布稿，让有用的信息直达买家！

第三章　运用新规则玩转网络风潮　109

研究买家角色、写新的新闻稿、如何动手写博客，以此为拟订营销与公关计划热身，并在计划的指引下打造出内容丰富的网站？把销售的门口直接开到买家跟前，你作好准备了吗？

导　读

戴维·米尔曼·斯科特

David @ davidmeermanscott.com

个人博客：www.webinknow.com

走向网络世界的指南针

根据我在莱德骑士报业网站（Knight Ridder，美国第二大报业集团。——译者注）担任亚洲区营销经理的经验，我们在网上低调地开办了以内容为基础的"思想领导"营销与公关节目。我们不顾重金聘用的公关代理公司专家的意见（他们坚持新闻稿只能提供给纸媒），自己撰写和发布了几十条网络新闻。我们每发布一条消息，它就会出现在像雅虎那样的在线广告里，这增加了销售机会。尽管广告代理公司告诫我们，不要把重要信息发布在"对手能够偷到的地方"，我们坚持创办了一份新闻通讯月刊，命名为《边缘》（*The Edge*），积极探讨信息爆炸的互联网世界中的数字新闻。这份月刊在我们网站首页上可自由浏览，它激发了众多买家、媒体和评论家的兴趣。回想 20 世纪 90年代，网络营销与公关刚刚起步，但我们团队根本就不把旧规则放在眼里，凭借我在网络出版公司学到的经验，开创了利用网络在线内容直达买家的营销策略。我们自创的网络公关项目，几乎不花成本却吸引了很多买家、媒体和评论家的兴趣，并取得了不错的营销效果，使"专家们"花费大量资金运作的公关项目相形见绌。从前与我们毫无关联的人们通过搜索引擎造访我们的网站。我跌跌撞撞地找到了一种直达买家的好方法。

2002 年，新闻边际公司被汤姆逊公司收购。我开始自己创办公司，理顺思路，提炼观点，同特定客户进行交流，通过写作、演讲来传递自己的观点，同时为集团公司组织研讨会。所有这些工作，都是通过网络内容直达买家。此后，许多在线媒体的新形式，诸如博客、播客、视频网站、虚拟社区脱颖而出。这些新型网络工具和技巧的共同点，在于它们是你同市场"直接"交流的最佳方式。

说实话，本书就是以我博客的一项网络营销与公关项目为基础产生的。2006 年 1 月，我发布了一本名为《公关新规则》（*The New Rules of PR*）的电子书。它很快在全球商界中引起热烈反响（当然也有很多网民拍砖）。该电子书被下载 20 多万次，几千名读者在我的博客和其他相关博主的博客上发表评论。在此，我感谢那些读过、分享过这本电子书的读者。但本书并不是那本电子书的扩展，因为我写的主题是营销与公关，而不仅仅是公关；此外，经过一年多的研究，我还补充了更多形式迥异的在线媒体方式。

本书所包涵的内容远远不止我个人的想法，也包括我博客的成千上万位读者的真知灼见。在撰写本书时我逐页检查了自己的博客，其中几千名读者一直看我的博客，有不少还对我的博客文章进行评论，并发来电子邮件提供建议。谢谢你们，当我的文章偏题时，你们的热烈讨论让它回归正道。比起我孤军奋战，你们的热情让本书锦上添花。

网络造就营销与公关新规则

本书争论的焦点之一，就是它的书名。好多人告诉我，他们喜欢这个书名，因为它一目了然。也有人表示反对，说太多书都在兜售所谓的新规则，但其实都是毫无用处的骗局。布莱恩·克拉克在自己著名的抄写博客（Copyblog）上发布了一篇评论，声称那些发明"新商业思路"的人，实际上不过是让你脱离了经典的商业交流基础。这话说得对，在亚马逊网站上，你确实可以找到几千本冠以"新规则"书名的书籍，但话说回来，网络的确是商界的一条新路。我对这个书名充满自信，网络问世前，你的组织要想引人注目，唯有做广告，或在新闻界大造声势。通过网络直接宣传公司是个崭新的课题，在前网络时代，没支付巨额广告费或赞助费的情况下，想在数百万计的人群中找到潜在的受众难上加难。

问题在于，时至今日，还有许多人企图将广告与媒体公关的旧规则运用到网络这种新媒体上，结果南辕北辙。我坚信，目前的大环境是由新规则主导的，本书就是引领你走向网络世界的指南针。

像写博一般写书

本书分为三章。第一章是对网络如何颠覆营销与公关规则的精确概述；第二章介绍各种传播媒介的细节；第三章包括"如何操作（how-to）"的详细信息及行动计划，通过玩转网络新规则使你的团队变得更高效。

尽管我自认为这种安排最符合逻辑，但你不妨跳过部分章节，根据自己的实际情况进行阅读。这可不是本悬疑小说，跳着读并不会影响你对全书的理解。我可不想浪费你的时间。在写作的过程中，我很想以链接的形式把章与章之间连接起来（像在博客里那样）。可惜这样的想法在纸质书稿上无法操作。你会注意到，这本书风格轻松随意，而不像大部分商务图书那样用词生硬。因为我想，用这种"博客式声音"来同你们分享新规则，会为你们带来全新的感受。

我在本书中提到的"公司"和"组织"这两个词，囊括了所有类型的组织和个体。当看到非营利组织、政府机构、政界竞选人、教堂、学校、运动队、专业服务人士之类的实体用词时，你尽可以把它们替代成自己心目中的公司和组织。同样，书中"买家"这个词，其实也指订阅者、选举人、志愿者、申请人和捐赠人，因为新规则也涉及那些团体的成员。作为非营利组织，难道你不想增加捐赠数额吗？新规则对你同样奏效。同样的，政治选举候选人期望得到更多的选票，学校希望有更多学生申请自己的学校，咨询师希望增加业务量，教堂努力招收新教徒。

本书会告诉你如何运用这些新规则。全世界的人都在网上进行互动交流，营销与公关旧规则已经失去了威力。如今，各类组织同其买家在线直接交流。据皮尤网络与美国生活项目（Pew Internet& American Life Project）调查，73% 的美国成年人（1.47 亿人）使用互联网。为了打动自身关注的在线个体，全球的精明商人都在变换其营销与公关的方式。

书中，我讲述了非营利组织、政治倡导团体、支持政党竞选人的市民、独立咨询师、教堂、摇滚乐队、律师的故事。他们都成功地运用网络，抵达了各自的目标对象。我万分感谢那些接受我电话访问或面对面访问的人们，他们才是本书的明星。

当你阅读这些成功商人的故事时，请记住：尽管他们的市场、行业或组织形式与你迥然不同，你依然可以学到很多宝贵的经验。非营利组织能学习商业公司的经验；咨询师能从摇滚乐队那里取得真知灼见。我深信，学习行业外的成功理念，比模仿行业内竞争者的手法能收获更多。记住，**新规则的威力就在于你的竞争者根本就不知道这些新规则。**

第一章

迎接网络营销新时代

如果你像千千万万精明商人那样，
目标是同买家直接交流；
如果你在努力让你的组织赢得更多的网络曝光率；
如果你想让顾客参与公司的促销活动使他们购买公司的产品，
那么加入我们的队伍吧。

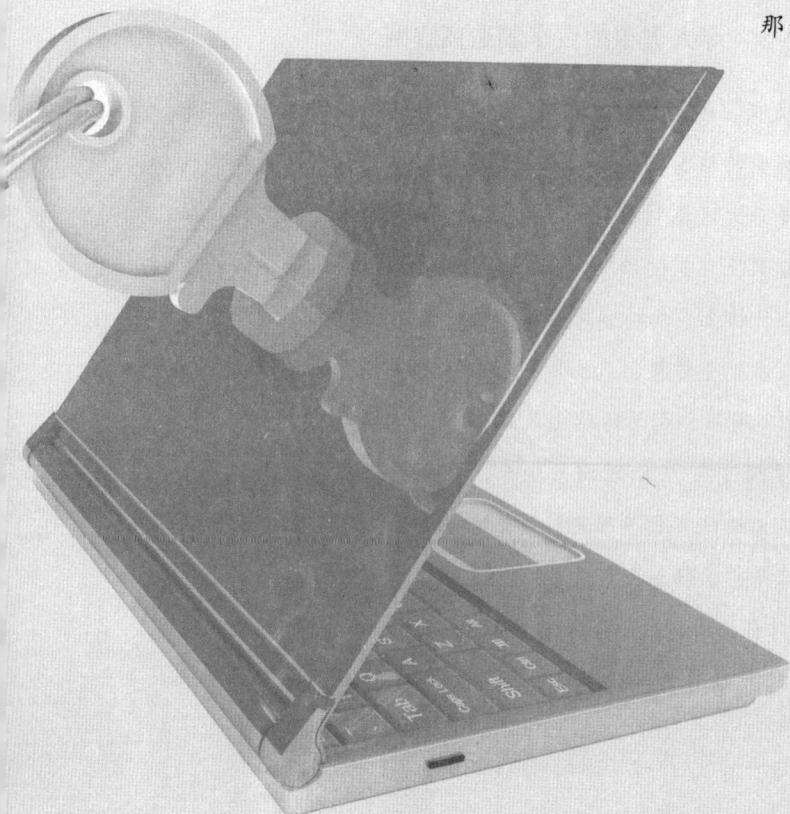

第1节

别了，营销旧规则

> 网络问世前，想夺人眼球的组织只有两种选择：花昂贵的广告费用，或者借助媒体第三方的影响力。网络彻底颠覆了那些规则。深谙营销与公关新规则的组织，会迅速与你我这样的消费者建立直接联系。

创新案例

令人失望的汽车制造商官网

2006年夏天，我打算买辆新车。像成千上万的消费者一样，网络成为我了解购物信息的首选。我打开电脑，开始搜索。自然，我最先点击的是三大汽车制造商的网站。这可真是个错误的选择，在三家网站的首页上，我受到电视式广告的轮番轰炸，这些单向的信息全都聚焦在价格上。福特公司网站上的广告口号是："年度车型清仓！零利率贷款！免费提供汽油！"克莱斯勒的是："员工价，外加零利率贷款！"通用公司的网站更是宣称："72小时低价抢购！"多谢，可我从没想过在72小时内买辆车，甚至不会在72天内购买！我不过是上网看看汽车信息而已。3家网站都以为我马上就要买车，但实际上我只是想了解点汽车信息。

虽然我对自己买哪款车型还举棋不定，但我心目中的理想是紧凑型SUV。只有通用汽车在网站上为其生产的SUV开辟出了单独的浏览区。而为了了解福特的同类产品，我不得不逐一搜索福特、水星、兰德·路虎、沃尔沃的网站，尽管这些品牌统统归福特所有。那些网站对我（一个将在数月后才购买新车的人）来说毫无作用。虽然我可以从这些网站下载 flash 格式的电视广告、精美的图片、获得低利率的贷款，但都无济于事。

我在这些网站上搜索网民评论。当在克莱斯勒网站上看到有"请教Z博士"的链接时，我激动万分，它很有吸引力。谁是Z博士？我猜想，真棒，那里肯定有可信的内幕消息。天哪，它不过是戴姆勒克莱斯勒公司董事长迪特尔·泽切（Dieter Zetsche）博士的卡通照片。他在那里扮演"互联网助理"的角色，随时准备回答客户的咨询。点开后，我得先观看电视式商业广告。可我既不是在找卡通照片，更不是在寻觅广告。我真正想问的是："在这些汽车公司里，到底有没有真正的内行？"

在每家网站，我总感到自己被一连串源自实验室或利益集团的信息所包围和左右。它们看来并不可信。如果我想看电视汽车广告，我调到那个频道就是了。我很沮丧，觉得这三家大汽车公司的网站都是由麦迪逊大道（Madison Avenue，美国广告业中心。——译者注）那伙人设计和制作的。这些网站全都向我灌输广告，而不是同我建立某种联系。它们用单向的信息诱惑我，而不是向我展示公司的产品，为我提供信息。知道么？当我点开网站后，你根本没必要抓住我的眼球；我点开网站就代表我已经被吸引了！

当然也有好消息：我终于在网上搜到有关紧凑型 SUV 有用的网页了。遗憾的是，我获取可信内容、得到信息和与网友互动的网页，统统不是出自三大汽车公司官网。埃德蒙兹酷车空间（Edmunds's cool Car Space）是一家由消费者运营的免费社交网络和个人博客网站，网站的特色是汽车相册、以制造商和车型分类的车主数据和信息以及相关链接。它们帮我缩小了选择范围。举例来说，在论坛里，我浏览到 2 000 多条有关丰田 FJ 巡洋舰（Toyota FJ Cruiser）的信息。

我逐页欣赏车主们的爱车，最后决定就买这款，省却了在大公司网站上无数次的徒劳点击。

我把浏览汽车制造商官网的过程写到自己的博客上，很多网友纷纷跟帖或给我发电子邮件，讲述自己购车的经历，表达对汽车制造商官网的失望。对汽车行业而言，数量众多的消费者不能从他们的网站上直接获取作出购买决定的信息，可不是什么好事。况且其他行业也存在类似问题。

广告：资源和金钱的双重浪费

过去，借助报纸、杂志、电台、电视台和直邮的方式，进行传统的、非定标性广告宣传，是唯一的宣传方法。但这些方式难以将独特的信息传递给特定的买家。时至今日，因其广泛的抵达性，广告还在发布大量的品牌消息，仍为诸多组织和产品做宣传（尽管已大不如从前）。年轻人大杯喝着啤酒，收看电视里的足球比赛。所以，百威啤酒在美国橄榄球联合会（NFL）赛事期间做电视广告，效果不错（小啤酒商不行，它只针对细分观众）。广告在专业出版物上也能奏效。如果你的公司生产甲板密封材料，那你就该在《甲板制造专业杂志》上做广告，让专业买家了解你的产品（但这并不能帮助你进入 DIY 市场）。要是你在范围不大的某社区经营一家房产中介公司，你不妨用直邮方式，向当地业主传达房屋信息（但它不能帮你将信息传达到那些正计划从别的社区搬到当地社区的业主）。

然而，对不计其数的其他组织，对专业人士、音乐家、艺术家、非营利组织、教堂、细分产品制造公司而言，传统广告的内容太过空泛，作用微乎其微。大型媒体广告针对的是大宗需求和销售范围极广的产品。名牌产品通过全国

Point

网络只花费巨额广告预算中的极少部分，就极大地拓展了目标信息直达细分买家的机会。

连锁店冲击消费者头脑，如同畅销影片在几千家影院同时上映那样。而宝洁、派拉蒙电影公司和美国共和党总统竞选人的杰出战略，即借助广泛的全国性信息感染力影响大量民众的做法，并不适用于细分产品、地方性服务以及特殊的非营利组织。

单向介入营销时代的终结

赛斯·高汀首创的电视行业综合体（TV-industrial complex）的技术被称为介入(interruption)。在该系统里，广告公司创意人员坐在办公室里，想象如何打断观众以吸引他们注意到单向信息。试想：你正在欣赏喜爱的电视剧，广告商的任务是在你做其他事的空当，比如在下集开播前去取一块冰淇淋时，插入一段商业广告来吸引你的眼球。你正在津津有味地读杂志上的一篇妙文，广告却突然跳出来，打断你的阅读节奏。你乘美国航空公司的飞机从波士顿飞往费城，飞机起飞 20 多分钟后，航空公司自以为是地播放加勒比海度假胜地的广告，破坏了你的休息时光。上述例子说明各种形式的广告传统上都依赖于打断人们的行为来使他们注意信息，从而赢取成功机会。

此外，广告信息是以产品为中心的单向灌输。如果广告商不摆脱仅靠发布优质产品信息的桎梏，很难同网络这种注重互动、信息、教育、选择的新型营销较量。现在，人们每天都能获得无数的销售商发布的商品信息，他们不再相信广告。仔细观察，其实我们根本就没注意那些广告。

> ⊙ **Point**
>
> 　　网络异军突起。网络营销与单向介入迥然不同，它在精准的时刻，把有用的信息传递给有购买需求的买家。

网络问世之前，卓有成效的广告商人通过介入法，借助最小公分母(lowest-common-denominator) 信息工具和技术，抵达最广阔的市场。广告可谓是最伟大的创意工作。可惜的是，许多公司奢望网络也能像电视那样，因

29

为他们对电视广告实在是太得心应手了。那些擅长电视创意广告的广告商天真地以为他们能把那些技巧移植到网络上。

他们大错特错，因为他们遵循的是老规矩。

营销旧规则

◆ 营销意味着做广告和树立品牌。

◆ 广告需要吸引大众。

◆ 广告依赖于打断受众，让他们注意信息。

◆ 广告是单向的：公司—消费者。

◆ 广告就是销售产品。

◆ 广告战生命周期有限。

◆ 广告最重要的构成是创意。

◆ 广告公司赢得广告奖，比商店赢得新消费者更重要。

◆ 广告和公关是截然不同的行为准则，由不同的人经管，其目标、策略和测试标准截然不同。

> **Point**
>
> 上面的话，纯属无稽之谈。既然网络颠覆了旧规则，你也该转变营销模式，最大可能地树立网络世界的市场观念。

公关曾是媒体的唯一目标

我是《电子内容》（*EContent*）杂志的撰稿编辑。每周，我会收到成百上千位善意的公关人士发来的电子邮件新闻稿，希望我写点他们小产品的报道。知道么？5 年来我从未用那种毫无目标的新闻稿为某个公司做过宣传。我大概收到过 25 000 份新闻稿，一篇都没采用。在与其他行业的记者交流后，我确信并不是只有我自己不用公司主动提供的新闻稿。相反，如果我想在专栏或文章里论述某个主题，我会尽力在博客和搜索引擎中查找。如果我通过谷歌新闻或某公司在线媒体空间查到相关主题的新闻稿，那太妙了！我决不坐等新闻稿上门，而是自己去发掘有趣的题目、产品、人物与公司。一旦我准备写报道，我会先在博客上披露其概要，试探一下反响。有人回复评论吗？有没有公关人士发电子邮件给我？

还有一桩趣事：过去 5 年，针对我的博客文章或杂志报道，在我博客留言或同我联系的公关人士，居然不到 5 名。读读你试图努力建立联系的记者的博客，就这么难吗？它其实是在教你用什么去引起这些记者的兴趣。你把那些有趣的事发电子邮件给他们，看他们愿不愿意写，而不应该乱发无的放矢的垃圾新闻稿。我不想被打扰的时候，每周都会收到成百上千份新闻稿。但我真正需要反馈和交流时，网上却一片寂静。

公关界真的出了大问题。

Point

记者和编辑利用网络寻找有趣的故事、人物和公司。他们能找到你的信息吗？

公关和第三方参与

公关曾经是神秘俱乐部。公关人士用旁人难懂的行话，遵循严格的规则。外行人眼中的公关似乎是个深奥而神秘的职业，需要诸多的前期培训，像字

Point

今非昔比，网络改变了规则，现在的组织直接同买家交流。

航员或法庭速记员那样。公关人士整天为记者和编辑写新闻稿，找他们闲聊。他们双手交叉祈求媒体能另眼相看（"噢，请写点我们公司的事吧……"）。他们努力的结果，即过去公关的终极目标，就是媒体的一点剪辑报道（clip），

以证明他们没有白拿薪水。唯有出类拔萃的公关人士，才同媒体有私人关系，能够拿起电话，向上个月一起吃过午餐的记者报料。1995 年之前，除非在广告上倾注巨资，或者与媒体共事，否则根本不可能通过第三方媒体把公司的信息公之于世。

没错，媒体依然重要

对重点公关项目而言，主流媒体和商业媒体依然发挥着重要的作用。在我的博客上，在我演讲时，有人曾指责我说过媒体不值一提的言辞。那根本不是我的初衷。对许多组织来说，媒体至关重要。《滚石》的一篇正面报道让一支摇滚乐队迅速走红；《华尔街日报》的一篇文章令某公司一举成名。而在《今日秀》节目中谈及的日用品，瞬间成为万众瞩目的明星产品。在诸多细分市场和纵向行业里，商业杂志和刊物能定夺哪些公司是行业巨头。不过，我也相信，除了这些对全局性公关项目至关重要的因素，还有更简便、更有效的方式来联系买家。下面的做法就很奏效：只要你能直接讲好你的故事，媒体会自己找上门来。他们会铺天盖地地宣传你！

公关工作也有了很大改变。公关不再拘泥于深奥的行为准则，使公司花费大量时间和精力，却只能接触寥寥可数的记者，或仅仅为了向老板交差写

> **Point**
>
> 在多年几乎全部依赖媒体进行公关后，互联网让公关业再度具有大众特色。博客、在线新闻发布以及其他形式的网络内容，使组织得以同买家直接交流。

几篇剪辑报道。如今，高级公关项目包括直达买家的项目，网络就是让产品信息直达买家的载体。精明公司对此了如指掌，运用得心应手，由此获利甚丰。

新闻稿与新闻黑洞

以前，新闻稿确实只提供给新闻界。公司以深奥而程式化的途径，将新闻发布给记者和编辑。当时的情况是这样的：除了几位记者和编辑，没人见过新闻稿，而新闻又是根据媒体现有的惯例拟写的。

在典型的案例中，只有屈指可数的几家媒体，才能从某公司不断获得产品发布消息。记者和编辑对细分市场的情况驾轻就熟，公司几乎无须提供背景资料，"行话"泛滥。记者在阅读新闻稿时会想：新闻到底是什么？那不就是——某公司刚宣布用超级技术推出电脑插件工具，外加可变的强有力新结构。这对专业杂志编辑或许有点意义，而对其他人简直是不屑一提的啰嗦文章。成千上万的人借助网络搜寻解决难题的新闻稿，旧规则由此显得不合时宜。

> **Point**
>
> 上面的话纯属无稽之谈。既然网络颠覆了旧规则，如同转变营销模式，你也该转变公关策略，最大限度地利用基于网络市场的观念。

公关旧规则

◆ 宣传的唯一途径是通过媒体。

◆ 公司通过新闻稿同记者交流。

◆ 除了几位记者和编辑，没人见过新闻稿。

◆ 公司在写新闻稿前，必须要有精彩的新闻。

◆ 行话非常必要，记者统统知晓。

◆ 除非包括第三方，如消费者、分析家和专家的引言，否则别提交新闻稿。

◆ 买家获悉新闻稿内容的唯一途径是媒体写的文章。

◆ 衡量新闻稿有效与否的唯一方法是通过"剪报本（clip books）"，表明媒体采用了多少公司提供的新闻稿。

◆ 公关和营销是截然不同的行为准则，由不同的人经营，其目标、策略和测试技术截然不同。

绝大多数组织缺乏瞬间进入主流媒体的通道来涵盖其所有产品。你我这样的平凡人要付出巨大的努力才能在网络市场赢得关注。只有透彻地领悟公关角色与新闻稿的转变，才能提高自身知名度。

凡事总有例外，大型公司、精英人物和政府也许不用全部依赖媒体，但也有特殊情况。大人物与大公司早已闻名遐迩，其新闻太抢眼，所以他们不用花费太大大力气就能博人眼球。而其他的公司和组织，媒体依然是首选代言人。

Point

如果公司规模较小也不知名，但确实有值得发布的信息，你最好自己发布。幸运的是，网络就是极佳的平台。

◆ 如果你是 J.K. 罗琳，你发布一条新闻，说在最后一本书里哈利·波特被杀，媒体立刻会传播该新闻。

◆ 要是苹果电脑公司的首席执行官史蒂夫·乔布斯宣称在某个商展中推出新款 iPhone，媒体即刻会传播该新闻。

◆ 如果布拉德·皮特和安吉丽娜·茱莉发布一条新闻，说为他们新生的聪明小宝宝取名希洛，媒体马上会传播该新闻。

学会摒弃旧规则

为了掌握通过网络直达买家的技巧，你得学会摒弃旧规则。公关绝非单单借助媒体作发言人就能成功，尽管媒体是公关的重要组成部分。营销也不是单向的传销广告，虽然广告依旧是整体策略的一部分。

我注意到，一些营销与公关专家在弃旧迎新时面临诸多困难。新的观念令他们焦躁不安。我在演讲时，发现常常有人双臂交叉，双目垂视鞋尖，摆出防御姿态。深谙旧规则的营销与公关人士抵制直达式新世界也是人之常情。当然我还观察到，有不少摆脱了旧有观念的营销执行官、首席执行官、企业家、非营利执行官和专家们，抓住机会直接讲故事。他们喜欢与买家交流的新途径。精明的商人每天借助网络与买家交流，使事业蒸蒸日上。

下面将讲述判断新规则是否适用你的标准。首先假设你是通过营销与公关来达到交流目标的。你是否通过购买超级碗（Super Bowl, 美国橄榄球联合会决赛）广告来获得大量入场券？你是否在策划一则创意杂志广告，希望自己的广告公司获奖？你是否想把主流媒体的剪报本编辑成书，向老板炫耀？你公司的 CEO 渴望上电视吗？你是否正在公关，打算会见奥普拉？要是对上述问题的答案为"是"，那么，新规则（包括本书）并不适用于你。

如果你像千千万万的精明商人那样，目标是同买家直接交流；如果你努力让你的组织赢得更多的网络曝光率；如果你想让顾客参与公司的促销活动使他们购买公司的产品（申请、捐赠、加入、呈递其姓名作为潜在顾客名录），那么继续阅读本书吧，它是专门为你而作的。

第 2 节

营销与公关新规则，不只是概念

> 网络内容每天都在发生剧烈的变化。与大市场信息通
> 用型网站不同，营销人员需要建立各种微型网站，采用细
> 分登录页，发布具有针对性的内容，瞄准细分消费群体。

创新案例

用极富价值的信息赢得客户的喝彩

杰勒德·佛鲁门会告诉你，他是位工程师不是商人。他宣称在
自己合伙的塞维罗自行车公司里，没有一位营销高手。他错了。为
什么？他对购买赛车的买家，对公司提供的机械驱动产品可谓是尽
心尽力。他竭尽全力帮客户赢得赛事。在 2005 年的环法大赛比赛
中，戴维·扎布里斯基（David Zabriskie）骑着塞维罗 P3C，以平均
54.676 公里 / 时的速度，创造了赛会历史记录。佛鲁门擅长运用网络
向车迷们讲述精彩的比赛故事，向他们传达信息，让他们参与、分享。
他把网络内容演绎得出神入化，卖出不少赛车，不愧是个精明的商人。

塞维罗网站成效卓著，因为它为所有访问者提供的精彩内容，
不管访问者是想要买车的顾客还是仅仅浏览一下网页的网民。同其
他网站的营销信息相比，那些内容极富价值，颇具权威性。在塞维
罗官网上，车迷能找到每款车型的详情，价格从 3 000~5 000 美元不

等。它的在线博物馆展示了公司早年生产的型号和几款迷人的复古样车。车迷可以申请电邮通讯，下载塞维罗公司资助的CSC车队职业车手的访谈音频，或查看公司博客。CSC车队赢得比赛，你能通过网页追随车队行踪，包括新闻和赛事照片。最近公司推出了塞维罗在线电视，上面播放产品特征、赛事报道和赛车名流访谈。

"我们的目标是提供有意义的信息，"佛鲁门说，"我们的产品有技术含量，是行业里最出色的机械驱动公司。大多数自行车公司根本就没有机械师，我们却雇了8名。所以，我们在网站内容上突出了机械的特点。在网站上，我们不公布无关紧要的事。因为我们有许多精彩内容。"

瑞安·帕奇就是塞维罗竭力想拉拢的客户。作为旋风赛车车队三项全能运动的一名业余选手，帕奇说道："在塞维罗的网站上，我看到CSC队博比·朱利奇骑的车同我一模一样。他们的队员和赛车都非常出色。我注意到，CSC的队员骑着塞维罗赛车，赢得了环意大赛（Giro de Italia）。太令人兴奋了，我也要搞到那些队员骑的车。塞维罗拥有的骨灰级车迷就像你剃下的腿毛那么多。"

帕奇直言，如果你想买辆新车而且还是个铁杆客户，到塞维罗网站，有关自行车技术、结构、说明书的信息应有尽有。"我喜欢这个网站的理由，是它散发的正统气氛，以事实为基础，毫不花哨。"他评论道。

佛鲁门亲自为网站撰写内容，设计工作则由兼职按摩师完成。网站上有个内存内容管理工具，佛鲁门能自行更新网站。它称不上是个新奇的网站，但确实奏效。"网站设计员对我们的网站评价不高，"弗鲁曼透露，"但从客户那里却赢得一片喝彩声。"

对塞维罗来说，搜索引擎营销举足轻重。由于轻松简易的网站关键词，塞维罗来自搜索引擎的访问量是其他自行车公司的10倍。塞维罗的发展速度很快，佛鲁门注意到这种发展并非出自单一原因。"我们确信，人们会用5种方式来看产品以确认它的可信度。"佛鲁门信心十足，他公司的自行车以不同方式亮相，就得益于搜索引擎可以使人们从 5 个方面来关注公司的产品。"举例来说，他们可以在网上，在电视台播放赛事时，在经销商那里和在博客上看车。"他总结道。

佛鲁门坦言，创建塞维罗网站营销花费了大量时间，但它简易、高效。"那是我们这种公司的未来，"他认为，"公司规模不大，只针对细分顾客，但能把产品卖到全世界。有趣的是，我们的产品进军一个新市场时就已经在当地市场拥有很高的品牌知名度了。互联网给了你前所未有的机会。它不是火箭那种高科技，你很容易就能想到应用办法。"

长尾理论

我是克里斯·安德森及其著作《长尾理论》的崇拜者。我一直追看他的博客，了解到安德森突破性的理念，即网络经济的转换，就是要远离主流市场，探索细分市场产品，并提供良好服务。这些理论在他的书于 2006 年 7 月出版前我就知道了。毫无疑问，安德森在《长尾理论》里阐述的理论，对营销人员来说非常重要：

长尾理论指的是，文化和经济逐渐从聚焦于相对少量的畅销产品（hits，主流产品与市场）的头部需求曲线，转移到尾部的细分大数。考虑到生产与推销成本，特别是在线交易成本下降，现在，大批量产品和通用型客户的需求大幅度降低。如今这种年代，已经没有实体货架和其他形式瓶颈的推销约束，有针对性的产品和服务同主流生活资料一样，会产生经济上的吸引力。

眼下，最成功的互联网商业已经转向迎合"长尾"用户，即针对以前服务不周到的客户和传统商店里找不到的满意商品展开营销。典型的例子是亚马逊。轻点鼠标，你会看到成千上万本书籍，没必要去当地的连锁书店。又如 iTunes（一种合法的服务），它把在音像商店里找不到的细分音乐，发送给游离于主流音乐之外的艺术家。再如 Netflix，在当地 DVD 出租店主要出租畅销商业片之外，它通过网络开发了长尾群租碟观影服务的需求。安德森指出，长尾理论的商业意义深远，只要有创意，针对长尾部分的销售利润非常可观。当然，畅销作品依然重要。但是，上述商业行为明确告诉你，除了《哈利·波特》、绿日乐队（GreenDay）、《加勒比海盗》(*Pirates of the Caribbean*)，还可以通过其他渠道赢利。

营销到底是什么？虽然安德森的书聚焦于网上交易的可操作性和销售方式，但其观念同样适用营销。对网络内容而言，由各种组织，如公司、非营利组织、教堂、学校、个体经济、摇滚乐队创造的长尾市场，能直接抵达那些购买、捐赠、参与、申请的买家。当客户在互联网上，比如博客、聊天室和网站寻找解决问题的答案时，他们也在搜寻什么组织能为他们排忧解难。与往日主流信息打断式营销的旧规则不同，如今客户需要的是在网络世界找到能满足他们独特需求的商品和服务。

营销人员了解到，网络是以精确的信息抵达无数微型市场消费点的空间，网络内容每天都在发生剧烈的变化。与大市场信息通用型网站不同，我们需要建立各种微型网站，采用细分登录页，发布具有针对性的内容，瞄准细分消费群体。Netflix、亚马逊、iTunes 都是优秀的营销案例。由长尾零售领头羊开创的营销技巧，能激发客户购买兴趣，堪称营销经典。

Point

　　营销人员必须转变观念，通过网络，从主流营销的短头转向大量未得到周到服务的大众。

请告诉我一些新鲜事

亚马逊是最适合浏览的网站。为什么？广义地说，网民以两种方式与网站内容发生交互作用：搜索和浏览。大多数网站把重点放在搜索上，即回答网民的问题，而不是鼓励他们浏览。然而，网民也需要那种能够主动提供信息的网站，来告诉他们自己没想到却应该知道的信息。亚马逊营销人员对此了如指掌，他们知道网民在浏览网站时的所思所想。

比如我在为女儿找一本冲浪的书，但又不清楚书名。所以，我在亚马逊网站上键入"冲浪入门"的短语后，搜到99本书。我查看读者评论，亚马逊编辑和其他媒体的书评。我能看到"买了这类书的读者，还买了"的目录，以及"浏览完类别后，读者最终会买哪种书"的排名。我还查看了"标签"（tag，一种帮助读者日后分类购书的标识），还自己添加了标签。除此之外，亚马逊还提供内容试阅。我为女儿买了本好书《女孩冲浪指南》（*The Girl's Guide to Surfing*）几周后，收到亚马逊发来的电子邮件，让我对这本书提供评论和建议。这真是很特别。

该网站的设计针对大量常被忽视的受众，他们会经过搜索比较和长时间的考虑后才会作出购买决定。像亚马逊和塞维罗这类精明的推销商，不同于第一节中提到的三大汽车制造商，深谙回应最有效需求的网络策略，在网民还没开口之前，就已提供了满足他们欲望的内容。

网络营销可不是什么霓虹广告牌或骗人的普通标语式广告。它基于对买家使用的关键词的深刻理解，由此展开细分活动，引导买家浏览满足他们需求内容的网页。

传统产业也要走进营销新时代

新规则对公关同样重要。实际上，与各种形式的在线内容相比，离线状态的公关与营销收效甚微。当买家在网上浏览某物时，内容是一种信息展示。重要的是，在互联网世界里，内容会催生行动。

演讲时，我常常听到人们抱怨说像博客、新闻发布之类的在线内容，只对技术性公司起作用。他们固执地认为，传统的实体行业并不适用于这种策略。我并不这么认为。完善的内容可以体现组织的信用度，它促使人们采取行动（购买、订货、申请、捐赠）。出色的内容让有兴趣的潜在客户成为常客户。结果，组织大获全胜，达到增加收入、固定流量、获得捐赠或促进销售的预定目标。

创新案例

混凝土网站月流量也能达到 85 万人次？

混凝土网站（Concrete Network）提供住宅建设所需混凝土产品和服务的信息，帮助买卖双方建立联系。公司瞄准计划建造露天平台、泳池池面或车道的客户和建造商，这类受众成为混凝土网站"企业对用户"（B2C）的构成因素。同样，混凝土制造商之间构成了"企业对企业"（B2B）的组合。混凝土网站的"找承包人服务"网页，链接了房屋业主和建造商。如果业主需要做工程，就可同遍布美国、加拿大 199 个城市、涉及 22 种服务范围的承包商联系。公司网站的内容还与直达客户型新闻发布综合性策略相结合，为混凝土网站带来商机。女士们先生们，网络内容在卖混凝土！（你总不能说砖头与水泥不是实体吧。）

混凝土网站总裁杰姆·彼得森说："公关新规则就是，任何想占山为王的人，都得有消息发布才行。"公司下一步的公关项目包括每周 2 次直面客户的新闻发布会，在网上发表一系列文章，在线免费分类查找厨房工作台面、露天平台、天井、车道的信息，以及为潜在客户提供适用的浏览相册。由于网站内容出色，比起混凝土行业的其他网站，混凝土的网站流量遥遥领先。他说，与节日有关的标题，幽默的、教育性的新闻稿效果最佳。为销售而销售的新闻发布令人乏味。彼得森对新闻稿字斟句酌，盯牢小群体。例如，对在市场里搜寻壁炉的人来说，"当代壁炉"、"壁炉架"、"壁炉设计"这类短语就很惹眼。所有新闻稿都以漂亮的新闻照片形式公布，其来源为混凝土网站的"全球最大装饰混凝土照片集锦"。彼得森为混凝土平台亲自选过几十张照片。

"每天有很多人通过发布在网上新闻稿访问我们的公司网站，同付费搜索引擎营销类似，不过它成本更低，"彼得森解释，"其他网站索引也有我们的链接，这实际上是媒体红利。"他披露，2005年月均浏览数为55万人，2006年为85万人。"直达客户的在线新闻发布，占了新增流量的很大一部分。我们每年在新闻发布推销上只花费约2万美元，我们视它为营销的另一个构成部分。有些人不愿在这方面花钱，他们也许永远都不能成为本行业的领头羊。"

来自公司总裁的忠告

作为混凝土网站的总裁，彼得森算是少数懂得网络营销的执行官了。他了解网站内容营销，搜索引擎最优化，用直达客户的新闻稿争取买家，以及推动生意的魔力。他对其他公司总裁和CEO的忠告是什么呢？"每个行业都存在贡献于市场教育的信息。你应该扪心自问：'我怎样获得那种信息呢？'你必须要有远大的目光，对网络营销有一个整体的认识。例如，我们打造了全系列的买家指南，因为我们很清楚潜在客户对于公司的价值是无限的。想想吧，2年内100次的新闻发布会给生意带来多大好处。想到就做，绝不拖延。"

彼得森还建议，在开始项目前，应该寻求专家的帮助。"别傻坐在那里，"他说，"生意好坏取决于内容的质量。如果你向客户提供货真价实的有用内容，你就会被关注，生意红火。可惜大多数商人对此置若罔闻。在混凝土网站上，我们在完成一种使命。我们触及产品的实质功能，并撰写精妙的文章，在线出版。"

你肯定会爱上它的。要是内容能卖混凝土，它当然也能卖出你的产品。

公关中的长尾理论

公关绝不是简报本，而是如何直达买家。

我曾是两家上市公司的营销与公关副总裁，采用旧方法开展业务。但在新规则的冲击下，那些方法完全派不上用场。

与其每个月掏几万美元做媒体公关项目，结果只让屈指可数的报纸、杂志、电视台记者提到我们，倒不如瞄准那些插入式博客、在线新闻网站、微型出版物、公共演讲人士、分析家和咨询师，他们用我们提供的材料直达目标受众。此外，我们根本不必依赖媒体的声音。有了博客，我们可以直接同受众交流，彻底绕开了媒体的过滤网。我们根据自身的细分受众群创造特有的媒体品牌。这就像通过谷歌、雅虎、纵向网站、RSS 订阅发现网络内容一样。以前我们仅仅在有重要新闻时才写新闻稿，而且只提供给寥寥可数的记者。如今，我们应当通过在线新闻发布来突出自身的专业理念，让买家在新闻搜索引擎和纵向内容网站上可以轻松搜索到它们。

为取得长尾营销与公关的成效，我们需要采纳不同的成功标准。在出版界，人人都在说："我只要攀上奥普拉，就大功告成了。"是的，我也想高攀奥普拉。但与其花费不计其数的时间（或许一无所成）在电视上和奥普拉同台亮相，倒不如采用更实在的策略，让读者阅读你奉献给特定受众的定向出版物，从而购买你的书。靠奥普拉博眼球全赖运气，博主们却会耐心地倾听你。奥普拉对日销 100 本的畅销书不屑一顾，但博主们却会主动发邮件索要周边信息。这是我的经验之谈。当然，公司简介能出现在《财富》和《商业周刊》是再好不过了。**但与其把全部公关力量孤注一掷地集中在一颗潜在的公关炸弹上（只在主要商业报纸上提到一次），倒不如分散到几十位颇有影响的博主和评论家身上，把我们的故事直接告诉细分市场，而后者正苦苦寻找着我们提供的消息。**

营销与公关新规则

如果你认同上述公司的做法，新规则就很适合你。接下来，我会展示成功运用新规则的案例。我同每个案例中组织的工作人员当面交流以便直接向他们学习。下几节会涉及在线内容（博客、播客、新闻发布）的特别领域和更多"怎样操作"的详情。在进行更深入的探讨之前，我会先介绍营销与公关新规则的要点：

◆ 营销不仅仅是做广告。

◆ 公关不只是面对主流媒体受众。

◆ 你自己就是出版人。

◆ 人们需要真实感，而不是被欺骗。

◆ 人们希望参与，而不是被强行灌输信息。

◆ 放弃单向打断的方法。营销就是在精准的时刻，向有需求的受众发布内容。

◆ 营销人员必须转变观念，通过网络，从主流营销的短头转向大量未得到周到服务的大众。

◆ 公关并不是让老板在电视上看到自己的公司，而是让买家在网上找到你的公司。

◆ 营销不是你的代理广告公司获奖，而是让你的组织在本行业内大获全胜。

◆ 在多年几乎全部依赖媒体进行公关后，互联网让公关再度真正地面向普通大众。

◆ 公司必须用优质的在线内容促使人们作出购买决定。

◆ 博客、播客、电子书、新闻发布及其他形式的在线内容，使组织用自己喜爱的方式与潜在客户进行直接交流。

◆ 在网络世界，营销与公关的界限非常模糊。

在我列出这个清单并准备继续写这本书的时候，我意识到一个特别概念的重要性：**任何成功直达买家的在线策略都必须成功地整合营销与公关**。在离线世界里，营销与公关分属不同部门，有不同的技巧，针对不同的人群。网络改变了一切。通过网络营销直达消费者的亚马逊、iTunes、Netflix 与混凝土网站直达消费者的新闻发布没有本质上的区别。塞维罗赛车公司在公司官网上发布新闻与在《自行车》（*Bicycling*）杂志的网站上讲故事也没有多大区别。买家可以通过搜索引擎、公司网站、在线新闻发布、杂志或者博客获得你的产品目录，不管通过哪种途径都没有本质的区别。过去，我把营销旧规则和公关旧规则列成两份清单。现在只有一种规则：营销与公关新规则。各种形式的精彩内容帮助你和组织得到买家的青睐，在互联网世界里，内容会催生行动。

第3节

直达买家

> 完全依赖媒体和昂贵广告来传递组织信息的时代已经
> 过去了。虽然主流媒体依然很重要，但机敏的营销人员已
> 经逐渐转向网络营销，通过网络打造引人注目的信息。

创新案例

想把猪变成狗：博客和电邮创造的畅销奇迹

布莱恩和杰弗瑞·艾森伯格都是营销专家。他们深谙网民心理，将网站流量转变成交易线索、客户和销售额。他们通过自己创建的未来今日（FutureNow）公司和说服力架构方法论来提供服务。兄弟俩还是《想把猫变成狗：当消费者漠视营销时，说服他们》（*Waiting for Your Cat to Bark: Persuading Customers When They Ignore Marketing*）一书的作者，这本书于2006年夏天出版。通过描写一个关于网络营销、在线新闻发布、猫狗对决和写博的迷人传奇，《想把猫变成狗》飞速跻身《华尔街日报》商业畅销书排行榜首位。他们究竟是如何做到这些的？

"我们打造了一个方案，一个说服架构方案让读者来买书。"杰弗瑞·艾森伯格说道。在书还没发行之前，他们就通过未来今日公司的博客文章和公司神交网（GrokDotCom）的电子邮件新闻通讯，

对现有客户和朋友展开攻势。此外，作者还把试阅内容发给几百位博主（我也收到过）和知名人士。出书前几个月，他们又在公关网多次发布新闻稿。"在畅销书的营销活动中，我们关注核心读者，制造和本书相得益彰的急迫氛围，"杰弗瑞·艾森伯格解释，"我们的公关策略是让书中的理念流动起来，而不仅仅局限于售书。一系列的在线新闻发布以多种方式阐述了书中的理念。我们试图借助在线新闻发布和网络营销开辟营销通道和进入点，引起人们对书的关注。"

为了宣传本书，从出版前关键的几个月一直到图书面世，艾森伯格兄弟每个工作日都在公关网上进行在线新闻发布，不断激发读者的兴趣。我重复一遍——在几个月内，他们每天进行一次在线新闻发布。在线新闻发布的目的，是让书的理念进入市场，让博主了解书里的信息，撰写书评。注意，艾森伯格兄弟并不是通过电子邮件把稿件发给媒体，而是把在线新闻发布的内容通过搜索引擎和RSS送达博主和客户。发布成功与否，取决于他们提及的真实和实用的信息能否在书里找到。他们经常使用煽动性的新闻标题来吸引客户的注意，比如：

◆ 新书作者宣称：主流媒体不再是品牌营销的唯一武器。

◆ 谷歌该为营销失败埋单吗？

◆ 为何你的客户更像猫而不像狗？

◆ 传统的品牌营销方法还有用吗？专家们说互动的网络世界需要新的营销方法。

◆ 新营销书声称消费者调查并不反映真实消费行为。

◆ 畅销书作者在新书里讲述如何预测消费者行为。

杰弗瑞·艾森伯格认为在线新闻发布、试阅内容、公司网站、新闻通讯、博客都是非常微妙的营销方式。约300名博主写了书评，围绕书中的理念进行交流，通过博客把书介绍给无数的消费者。下面是一些书评：

◆ 把猫变成狗比向年轻人营销容易得多。（搜索引擎圆桌）

◆ 我们有必要说服漠视营销的网民吗？

◆ 《想把猫变成狗》教你思考如何说服潜在客户。

　　布莱恩和杰弗瑞可都是营销专家。他们的畅销书《想把狗变成猫》当之无愧地荣登《纽约时报》《华尔街日报》国际畅销书榜首。（麦克·格拉汉，全球最具声望的搜索引擎营销专家。）

　　"蜂鸣营销没有可量化的投资回报率（ROI），"杰弗瑞·艾森伯格说，"强调逐渐积累的营销方法才能出成果。所以，公关理所当然地被解释为引爆点（tipping point）。"他指出，每个细微的营销努力都在传输书中的特定信息，这些信息会到达许多他称之为"有影响力的人"，而后者大多数并不是主流媒体的一部分。**"公关时，会发觉那些有影响力的人很重要，但他们并不是编辑和记者。浏览在线新闻发布的人是博主。"当几百名博主就某事共同写博时，其合力会影响到上百万消费者。**

　　杰弗瑞·艾森伯格用农场来比喻成功的营销与公关。他强调只要不贪大求多，你定会成功。丰收源自细小的精耕细作，而不是奢望一举取得百万级的成功。"小人物往往能形成巨大的影响力。"他说。为证明这一点，他提到《华尔街日报》曾用"挑剔世界里的买卖"来形容书里的精彩故事。他们从未同《华尔街日报》联系过，记者是通过口头和博客介绍发现他们的。网络内容里无数的小片断凝聚成一股强劲的冲击力，最终使图书荣登榜首。艾森伯格补充说："成功的关键在于把'小事'做对。无数的'小事'累积起来，就形成了巨大的影响力。"

发布买家所需要的内容

所有个人和组织——非营利组织、摇滚乐队、政治倡导团体、公司、独立咨询师，都拥有能在网络上突显自身重要性的能力。在新的电子市场理念里，组织以各种形式，如出色的网站、播客、博客、电子书和聚焦买家需求的在线新闻发布来彰显各自的专长。组织通过这些方式把正确的信息，在买家最需要的时刻传递给买家。营销人员以各种网络媒体，通过网站、博客、电子书、白皮书、图片、音频、视频，甚至是产品插件、游戏、虚拟现实世界之类的方式，来传递产品的思想和信息。我们可以通过博客、聊天室和论坛同消费者进行交流。关键的技巧是各类组织应该像出版人那样运作，创作人们急欲消费的内容。通过在线内容发布，组织赢得了信誉度和客户忠诚度。精明的营销者像出版人那样思考和运作，瞄准受众，创立和传递内容。

大公司急着把巨款用在花哨的电视广告上，就像委托一件委托艺术品。大公司的营销人员以为电视广告威力无限。但请回想一下，在三大电视网主宰江山的时代，电台广告根本不值一提。随着时光变迁，多种媒体先后登场，在长尾网络营销、YouTube、TiVo（硬盘数字录像机。由于 Tivo 具备了自动暂停和跳过功能，你还可以轻松地跳过电视台插播的广告。新一代的 Tivo 甚至具备了搜索功能，你只需要在地址栏中输入"布兰妮"，Tivo 就会显示出自动录制的所有与布兰妮有关的节目，功能很强大。被称为电视机行业的 Google。——译者注）、博客组成网络中心世界后,你再花大笔钱去做电视广告,就如同画一幅 19 世纪的画像：它也许会让你觉得舒服，但它能创收吗？

与其将大笔预算用于式微的电视商业广告，倒不如多想想细分受众急切想了解的信息。为什么不利用网络讲故事呢？一旦营销和公关人士将注意力集中到细分受众上，他们就会获得积极传递组织信息的机会。

聪明的营销者了解买家的需求，为他们的目标受众统计数据建立了正规的"买家角色档案"。大多数人都不了解自己网站的访问来源。但是，当把买家分门别类、编制目录后，就能很轻松地提供有的放矢的内容。比如一所学院网站通常会取悦校友，以便获得定期定额的校友捐赠。学院可以把校友分成两类买家角色：年轻校友（过去 10~15 年的毕业生）和老校友。大学也可以根据不同的入校时间来确定教学目标。所以，精明的大学网站会把高中生视为买家角色。然而，学生家长却有着迥然不同的信息需求，所以网站设计者应该把家长另设一种买家角色。学院还得取悦既有客户(在校生)。总之，一家尽职的学院网站应该瞄准 5 个不同层次的买家角色：捐款的校友；申请入学的高中生和学生家长；针对在校生，一是确保教学质量，二是回答在校生的常规问题。

真实了解了 5 个买家角色的需求和心态后，学院就能打造恰当的网站内容。只有充分了解细分受众的需要，才能有的放矢地向他们传送内容，满足他们对信息的需求。就像前面提到的那样，网站内容常常从自我角度出发，只是简单介绍组织或产品。虽然此类信息的确有价值，但访客最关心的首先是他们面临的难题和对应的解决方法。一旦建立了在线关系，你就可以提供针对每位受众的潜在解决方案。在明确了目标受众和他们的难题后，内容就成为展示自身专业性的工具。精心打造的网站内容，能够引领访客作出购买决定或增加对组织认可度，从而通向销售循环的关键点。

了解买家并为他们提供有效的内容是成功的要诀。提供从内容到行为发生地的清晰链接同样举足轻重。

创新案例

网上教人打高尔夫也能赢得订单

想想迈克·彼得森 (Mike Pederson) 吧。作为美国广为人知、最出色的高尔夫球培训专家之一，他以得当的方法教会数以千计的新手玩转高尔夫球的技术。彼得森通过网络做生意，向高尔夫球手推销产品，帮助他们改进打法。在彼得森网站和"打个漂亮球"(Perform Better Golf) 博客上都是针对极为细化的目标市场（买家角色）的特定内容。"我为体力正在不断下降的 60 岁的高尔夫球手写文章，"彼得森说，"我将此称为'目标型内容'。写文章时，我会瞄准高尔夫球的特定要素。也许文章只针对高尔夫球旋转的极小方面，但读的人都明白我的文章对他们帮助很大。"

　　彼得森在网站和博客上发表了几百篇免费文章，诸如：《高尔夫特别热身法》和《高尔夫肌肉应该既强壮又柔软，在击旋球时产生更大力量》。他评论说："大多数高尔夫球手在开球前都不做准备活动，那可打不出好球。我的文章很好理解，让他们用我提供的练习既快又好地做好准备活动。"每篇文章都包括多张照片，彼得森告知他们该怎么做练习。

　　彼得森倚仗搜索引擎来驱动大部分的网站流量。在搜索引擎上，搜索"高尔夫球训练"这个重要短语，第一个跳出来的就是他的网站。他还为合伙人及会员工作，是《高尔夫》杂志网站有号召力的、名副其实的高尔夫专家，为自己的网站带来了更多流量。彼得森认为，做好每件业务的关键是用"目标型内容"直接抵达买家。他聚焦在上了年纪的买家角色上：他们热爱高尔夫球，但面临年岁增长体力衰减的尴尬局面。"我洞察客户的心理，感受得到他们的痛苦和烦恼，"他说道，"表达自己的观点并不难，难的是写买家想听的故事。我的目标买家都是老年人，而我是个40岁正当壮年的人。如果我只写自己关心的事，岂不是搬起石头砸自己的脚，因为我不是目标市场。"

　　彼得森靠出售每份150美元的《高尔夫训练系统》(*Golf Fitness Training System*，该系统包括DVD、书和指南手册) 旗舰产品，以及收取在线高尔夫球训练项目会员会费来赢利。网站上每篇文章的底部，都有清晰的行动路径和行动口号。"我细心地做好免费信息网页和产品网页的链接。"他说。比如，在最近的一篇网站通告里他写道："想学会怎样让自己的身体远离高尔夫旋球么？登录我的免费高尔夫训练电子书，你就会找到！"

　　当人们在他的网站注册，索取免费资料时，就成为彼得森网站的注册会员，可以通过电子邮件得到网站和博客增加新内容和特别资料的提醒。他发出的大部分电子邮件信息，都是有关新内容的紧急通知，但绝不提销售的事。"只要我发布有价值的内容，我就会收到更多的订单。"彼得森说道。

像出版人那样思考

新颖的网络出版模式不是坑蒙拐骗，也不仅仅是发送信息这么简单。它意味着在恰当的时间和地点向目标客户传达有效内容，来提高自身或组织的知名度。一旦你理解了受众的需求，那些人就会变成你的买家（或者说，他们将参与、捐赠、认购、申请、做志愿者或投票），你能为他们提供实用的内容。关注买家和他们的难题，你一定会有所收获；而自我炫耀产品和服务只能导致失败。

为执行成功的策略，你应该像出版人那样思考。成功运用新规则的营销者，意识到自己现在是信息的提供者，像出版人那样管理自己的"内容"。出版人做的最重要的事情之一，就是先确定内容策略，再关心内容传递的技巧和方法。出版人缜密地区分和定义目标受众，思考什么内容是最适合他们的。出版人关心的是：读者群是哪些人？我怎样与他们建立联系？他们的购买动机是什么？我能帮助他们解决什么难题？我怎么才能取悦他们？什么内容会促使他们购买我的书？

创新案例

积极建设公司博客和参与社区活动

本·阿戈夫运用自己的"葡萄酒贮藏博客"，来提供关于葡萄酒储藏的各种信息。他的名酒贮藏柜公司，原先是向个人出售家具式的酒类贮藏柜，并帮他们陈列、保存、醇化名酒的。尽管他的大多数产品终端是酒类爱好者家庭，但另一个主要市场——宾馆、餐厅和旅游地也开始崭露头角。在美国，生产家具式酒类贮藏柜的公司至少有6家。名酒贮藏柜公司之所以能独占鳌头，关键在于阿戈夫积极建设公司博客、参与在线酒类论坛和聊天室。

"所有这一切都奠定了我们行业内的领先地位，"阿戈夫说，"我们希望其他人将我们看做行业领军者。我们是通过博客和参与社区活动做到这一点的。"阿戈夫的酒类贮藏博客在行业里首屈一指，内容浅显易懂。"我们确信客户需要优质的葡萄酒器具，所以，我们通过博客和论坛表明自己是诚实的代理商，并展现自身的职业专长。"他自豪地说。

阿戈夫经常在 eRobertParker.com 里的马克·斯奎尔公告板上张贴公告。那是葡萄酒爱好者最钟情的网站。公告板月浏览量高达几百万。"一旦有合适的话题出现，我们立刻参与辩论，"他说，"这类网上辩论积极健康。如果话题很重要，我们就用博客阐述自己的观点。我们的任务是告诉人们如何储藏葡萄酒，并吸引他们点击博客了解更多信息。"阿戈夫从 2005 年 3 月起开始写博，在葡萄酒爱好者论坛和聊天室里有很高的知名度，以可信的言论和优质的评论深得网友认可。

阿戈夫的积极参与让每篇博客和论坛评论都转化为搜索引擎来源，从而引来更多流量。努力换来成果。"我们向购买酒柜的客户发出调查函，"阿戈夫说，"问道：'你是怎么知道我们的？''你用什么方式找到我们的产品的？'我们发现，90% 的客户通过网络找到我们。实际上，在许多并没有设立实体零售店的地区我们依然有许多客户，这说明博客和论坛的力量。"

设立目标：内容催生行动

经常有人让我评价其公司的营销项目、网站、博客之类。我的典型答复是"你的目标是什么？"，这常常让他们不知所措。说来好笑，营销者居然没有为营销项目（特别是网站和博客）设定目标。

有效的网络营销与公关策略，是把引人注目的内容传达给买家，并促使他们采取购买行动（在第 10 节中，你会学到更多有关营销与公关的策略）。洞晓营销与公关新规则的公司都具有明确的商业目标——销售产品，获得捐赠，鼓励人们为自己投票和参与社区活动。成功的组织并不看重"剪报本"和广告奖项之类的营销方法。这些组织通过在线新闻发布、博客、网站、播客和其他网络内容，吸引访客进入销售考虑圈（sales-consideration cycle），再促使他们作出购买决定。营销目标非常明显，买家也很容易找到继续前进的路径。当内容催生行动时，销售环节的下一步（电子商务公司的"产品"按钮、B2B 公司的"白皮书下载"方式，或非营利组织的"捐赠"链接）就唾手可得了。

不单单关注网站流量的增加，而是从公司的愿景出发，努力完成利润增长和留住客户的目标，会使典型的营销计划和组织的网站内容收到意想不到的成效。如果你的目标设定在赢利上，那么网站流量不值一提（当然，流量会引向目标）。同样地，对某个搜索词来说在谷歌上名列榜首也不重要（但如果买家很关注那个搜索词，它也可以引向目标）。

最终，当营销人员把精力放在与组织其他部门同样的目标上时，才能开发真正传导行动的营销项目，提高组织收益和增加知名度。我们希望自己所在的营销部不再被人戏称为"T 恤部"，而是为完成组织目标立下汗马功劳的关键部分。

网络内容与思想领导

对公司和个人而言，用网络内容接触客户具有强大的隐性效果。通过网络内容可以把组织打造成商界思想领军者，这也是诸多组织创立网络内容的本意。通过吸引眼球的网站、博客或播客系列向世界展示你的头脑和市场判断力，而并非直接向顾客出售产品，会使你和你的组织极富魅力。通过展示其思想领导在市场理念里的作用，网络内容直接为组织的在线声誉作出贡献。本书第 11 节将会对思想领导力作进一步的阐述。

在本书第二章的各个节里，我会介绍博客、在线新闻发布、播客、论坛、病毒营销和在线社交网络。在第三章，我将描述如何制定营销与公关计划，在每一节里会进一步讲解每种技巧的具体信息。网络内容把浏览者转化为买家。不管你卖葡萄酒陈列柜、新潮音乐CD，还是倡议停止声呐对鲸鱼的危害，网络内容可以销售任何产品或服务，倡导任何主张和理念。

第二章

通过网络交流直达买家

现在的情况与从前已大不相同。
网络把各种公司、非营利组织、政治运动、个人，
甚至教堂和摇滚乐队转化成"出版人"的角色。
作为出版人，在没有出版社参与的情况下，
所有这些组织都能通过打造精彩的在线新闻发布稿，
让有用的信息直达买家！

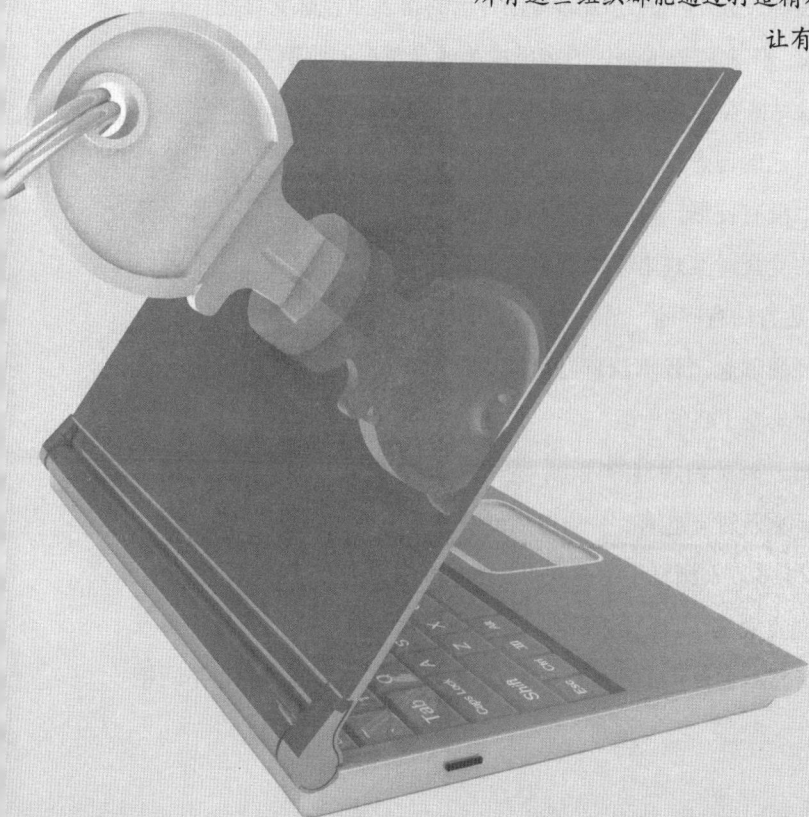

第 4 节

博客：让百万访客传述你的品牌故事

博客给你和你的组织带来出人意料的收获。这种收获也许可以用金钱来衡量，但更重要的是博客是一种宝贵的创意宣泄方式，它将改变你的事业和生活。

写博是我的前门（喻指达到目的的公开合法途径。——译者注）。从 2004 年起，我把自己各种大大小小的想法都写在自己的博客里。毫无疑问，作为营销与公关发言人、作家和咨询师，博客已成为我最重要的营销与公关工具。直到今天，我依然对博客作为营销工具的惊人效果感到非常吃惊。

博客让我把自己的理念推向市场，获得即时反馈。很多人只是独自默默地发表博客文章，没有反馈，没有评论，毫无成果。我从他们的"失败"得到教训。如果我的受众对某些事无动于衷，那说明我表达出的观点并不吸引人，或者是我的表达方法有问题。另一方面，有的博客文章获得了很好的效果，着实转变了我的经商理念。我承认自己可能太热衷于博客营销了，但现实是写博客实实在在地改变了我的生活。

我首次分享自己公关新规则的理念，是在一篇博文里，当时我还链接了自己的电子书。反响强烈又迅速。一周之内就有几千名网民浏览了这篇博文。迄今为止，已有 20 多万人浏览了这些观点，100 多位博主做了链接，成千上万名网民对这些观点发表了自己的评论。通过博文收集到的反馈使我的观点得以精炼，为我撰写本书奠定了基础。即使在 2006 年写书期间，我也不断把部分观点发到博客上，收到了几百条评论和反馈，这一切让书的内容更充实。

感谢搜索引擎的魔力，博客成了人们了解我的最有效的途径。每篇博文里的每个词语都被谷歌、雅虎和其他搜索引擎编入索引。所以，如果网民想找我撰写的有关主题的信息，一搜便知。记者从博客里找到我，把我的文章引用到报纸、杂志里，根本用不着我竭力推销自己。会议组织者读完我的博客后，同我预约，邀请我作专题演讲。在此过程中，我结识了许多朋友，组成了强大的同行关系网。

在我同公司和专业人士交流博客的营销效果时，很多人都想知道写博的投资回报率。执行官们尤其希望知道写博能赚多少美元。说实话，这种信息很难量化。对我的小型企业来说，我设定首次同我联系的网民的投资回报率，是问他："你怎么知道我的？"对有着包括博客在内的综合营销项目的大组织而言，根本不可能采取这种评估方法。其实，只要建立博客并及时更新就一定有回报。我的博客把我的理念传达给几百万并不认识我的人，这帮我获得了至少12次周游世界的重要演讲机会。我发现，过去2年里25%的新咨询业务，不是通过博客直接获得的，就是买家通过引用我的博文作出重要决定而聘请我。要是没有博客，你根本无法读到这本书，因为博客是我写作本书的重要基础。

那么，写博是否也会改变你的生活呢？我不敢断言。写博并不适用每个人。但是，就像其他无数位博主一样，博客给你和你的组织带来出人意料的收获。这种收获也许可以用金钱来衡量，但更重要的是博客是一种宝贵的创意宣泄方式。

本章的其余部分将更具体地讲述博客与写博。你将看到许多成功博主的写博案例，他们通过写博既增加了自身所在组织的价值，又为自己带来了收益。我将叙述如何着手开始写博，包括如何界定博客的内容范围和评论他人的博客。我会在第17节具体描述写博的基本要素、写什么、需要什么技巧和其他细节。

博客、写博和博主

博客的迅速流行是因为网络技术保证它能以简约而有效的方式，把个人（或组织）的观点推向市场。借助简单好用的博客模板，任何人只要几分钟便能打造出一个看来很专业的博客。大多数营销与公关人士都知道博客，很多人通过这种新媒体掌握客户对它们公司、产品和执行官的评价。也有不少人出于营销目的写博并取得成功。

写这一节对我来说可是个大挑战，因为人们对博客和写博的看法五花八门。我经常在演讲的时候问听众："你们中有多少人浏览博客？"奇怪的是，只有20%～30%的营销与公共人士浏览博客。这个百分比低得有点荒唐。博客的确是让获取市场对你、你的公司和你的产品反响的最便捷途径。我再追问有多少人自己写博，百分比居然一直不到10%。那些自称熟谙博客圈的人也没有真正理解博客这个新兴媒介。所以我得从最基本的问题讲起。

博客其实就是网站。但它是特殊的网站，由一位对某主题充满热情的人开创并维护，借以向全世界宣告他的专长。博客几乎都是由渴望同世界交流的个人创建的，当然也有集体博客和公司博客，但最流行的还是个人博客。

你可以通过博客模板把最新发表的博文置顶（不按时间顺序排列），还可以为自己的博文分门别类，以便他人轻松地在博客上和通过搜索引擎找到自己需要的信息和内容。博客模板为博主提供操作简易方便的个人内容操作系统，这样一来，即便没有任何超文本标记语言（html）的经验也能轻松写博。如果你会用微软 Word 软件或网上购物，就具备了写博的技术！我常常建议小公司和个体企业家开博而不是创建标准网站，因为写博对缺乏网络技术的人来说要容易得多。现在，成千上万的小公司、咨询师和专业人士纷纷开博而不是开设网站。

许多博客都允许读者评论。但博主保留删除不恰当评论（例如垃圾信息和亵渎语言）的权利。大部分博主能容忍负面评论，不删除它们。我更喜欢在博客上写具有争议的话题，因为它能引发有趣的网上论战。在自己的博客上看到各种不同的意见很棒！恐怕有些人，尤其是传统的公关人员得慢慢习惯，他们素来喜欢控制信息。我深信，读者对一篇博文的不同观点的评论，对博客来说绝对是好事。因为它们通过展示事物的两个方面，增强了你观点的可信度，表明你的读者群充满激情，要在你的博客上展开讨论。那很酷，不是么？

不要忽视博客的力量

博客是独立的、以网络为基础、包含对万事万物看法的日志。但是不读博的人经常对博客产生误解。新闻记者、公关和营销专业人士并没有意识到博客的重要性，因为他们坚持拿博客同杂志和报纸比较，后者让他们感到更舒服。博主力挺某种观点的做法与新闻记者提供中和看法的做法相差太大。在我看来，只有那些不经常阅读的人，才会把博客评价为"差"或"错"。在新闻学校和走上工作岗位后被分配到首次采访任务时，有抱负的记者和编辑被告知，想要写好新闻报道必须进行调查并与领域内的博学人士进行交谈。新闻记者被告诫不能直接表达自己的意见，而需要通过专家言论和专业资料来支持自己的观点。新闻记者的职业要求的是公平和平衡。

博客却是另外一番景象。写博为专家和有想法的人提供以网络为基础的理念市场的发言通道。忽视博客里关于自身产品评论和服务质量讨论的公司简直就是拿自己开刀。如果一个组织缺乏真实可信和人性化的博客声音，会逐渐受到关注博客言论的网民的质疑。尽管不计其数的独立声音出现在网络上，但某些主流媒体和公关人士仍摆出一副僵硬的防御姿态，拒绝考虑网络主流观点或少数不同意见。

很多人试图把博客限制在他们固有的世界观里，而不去理解网络世界中博客和博主的独特角色。那些不懂角色作用的人，对博客的反应通常是大喊："这不是真正的新闻写作！"博主从未声称自己是真正的新闻记者。不幸的是，许多人一直认为网络就是一份杂乱无序的在线报纸。这种心态使他们把写博同新闻记者与公关人士的职责进行比较，还对博客给出负面评价。**把博客比喻成报纸从许多层面上来讲都是不确切的，特别是在理解博客这一点上。为**

何不把网络看成一座大城市呢？城市里人们来来往往，而博客则是各种不同的独立声音。

看看眼下无人不知的 2004 年 9 月事件。博客的力量让这次事件在网上掀起轩然大波，但那些不懂博主在信息传播中角色作用的人却忽视了博客的力量。这场被称为"备忘录门（memogate）"或"拉瑟门（Rathergate）"的案例，涉及美国前总统乔治·W.布什在美国国民警卫队（United States National Guard）服役期间一些重要文件的论定。在哥伦比亚广播公司（CBS）2004 年 9 月 8 日播放的"星期三 60 分钟"（*60 Minutes Wednesday*）节目中，那些文件被描述为真实可信的，但实际上哥伦比亚广播公司并没有对文件的真实性进行核查。几小时后，在自由共和（Free Republic）新闻论坛网站上，一名叫"山羊头"的人发帖曝光了这次虚假新闻报道。他声称，拉瑟所说的备忘录，从印刷技术上来讲是不可能存在的。山羊头发的帖在次日早晨被复制到"小绿足球"（Little Green Footballs）和"能量线"（Power Line）博客，引发了对该文件可信度的质疑。此后几天，拉瑟在辩论中坚持自己的观点；而哥伦比亚广播公司则把那些博主视为一小撮穿着睡衣在晚上上网的网络怪客。现在我们当然一清二楚，忽视博主的作用让拉瑟丢了官职。当初他要是认真对待博主的意见，立刻调查文件的真伪，或许很快会发现它们是捏造的。那么，一番解释或一声道歉也许都可以迅速平息此事。忽视博主和他们的意见无疑是自杀，那是几年前的事了。此后，尽管博主的影响力日益显现，但仍有大量媒体和公司公关部门内部无视博客的力量。

博主不是新闻记者。传统媒体公司和公司的公关人员之所以会犯错误，是因为他们误解了博主在信息传播中的确切角色。把网络想象成一座城市：酒吧里坐在你边上的女士也许不是新闻记者，但她总知道一些爆料消息，你可以选择信或不信。**现在最火的分类广告公司 Craigslist 就像是立在街角商店入口的告示板；eBay 就像是旧货市场；亚马逊是充满热情书评人的书店。**

那么，该不该相信在博客上看到的一切呢？当然不！这就像你不该全部相信在街上或酒吧里的小道消息一样。我们应当把网络看做"城市"而不是"报纸"，博主作为个体市民的声音为全体网络市民提供了暗示。再想想消息来源（别相信陌生人），找出信息到底是出自政府、报纸、大公司、公布待议事项的负责人员，还是尼日利亚石油部长濒死的前妻。

博客和博主现在是重要和宝贵的另类信息来源，就像你隔壁的邻居一样。你可以把它们看成生活的调剂品，但决不能忽视他们的作用。没人说你的邻居就和报纸一样。营销和公关人士面临的挑战是运用这些博客声音，并将其理念同自身理念相结合。各个组织通过利用网络城市里不计其数的对话获得成功和富有的动力。

博客在营销与公关方面的三大用途

开始写博后，你应该从 3 个不同方面去发挥博客的作用：

◆ 轻松检测人们对你、你所在的市场、你的组织和产品的评论。

◆ 评论他人的博客，参与网络对话。

◆ 通过创立和撰写自己的博客，开展并引导网络对话。

你可以通过以下 3 个步骤迅速跻身博客世界。首先，通过监测网民对你所在的市场、你的公司和产品的评论，你结识了重要的博主，听到他们的网络声音，了解了博客世界的种种规则。了解博客写作潜规则是非常重要的，而最好的办法就是读博。其次，你应当积极地在本行业内有影响力的博客上写评论。这样就可以与博主建立联系，并在自己开博之前就能表达自己的观点。最后，当你对博客和写博有了足够的了解之后，就可以自己开博了。

通常，公司的公关人员都不太重视监测博客这一环节。**如果有十几位颇具影响力的博主在自己的博文中提到你的博客，而那些博客又有成千上万名忠实的浏览者，这样你就能够向公关人士显示监测博客的重要性了。**有些流行博客的浏览者人数比某个大城市的报纸读者还要多。公关人士不应只关心《波士顿环球时报》的读者数，他们还该关心有类似访问人数的博客。如果你已成为自己所在组织中的博客监测专家，那距离你自己开博就不远了。

监测博客——博客事关组织名誉

"组织要运用博客来评估与利益共享者之间的关系，并了解公司的名誉情况，"道琼斯的文本挖掘和媒体测试专家格伦·范尼克说，"名誉管理非常重要，媒体评估更是公关人士的必做功课。公司已经评估过媒体反应，现在该评估博客反应了。"

文本挖掘技术就是从浩如烟海的博客中，提取精确的网络内容，关注网民对自己的评论。说得更复杂一些，文本挖掘其实是一种大众倾向评估。"你可以自由搜索大量的博客内容，输入关键字，你就能在宇宙般的博客世界里找到自己所需的信息，"范尼克说，"有太多的博客和博文，所以我们必须依靠网络搜索功能。通过阅读博客，我们可以看到无数前所未有的市场新理念。这真是一条进入市场才智的独特道路。这是一个充满趣味和智慧的网络空间。"

所有营销与公关人士要学会运用博客搜索引擎，搜索组织名称、产品与服务名称和执行官姓名之类的重要关键词。Technorati 是一个顶级的免费博客搜索引擎。它让你瞬间就能知道 6 600 万个博客中有没有你需要的信息。无论你身在怎样的组织，通过博客搜索引擎你总能找到网民对组织，组织产品和组织所在行业或市场的宝贵评价。

更加精明的营销人员开始借此分析市场趋势。与自己的竞争者相比，你的产品在博客上被提得多还是少呢？博主对你们公司的评价是正面还是反面呢？与 6 个月前相比，博主的评价是否有所改变？"认为利益共享者想什么并不重要，这可太天真了，"范尼克坦言，"消费者在博客上发表自己的观点，透彻地理解这些观点对公司来说至关重要。你不能只凭产品本身作决策，而是要对客户对你产品感受作决策。把博客圈作为市场才智的来源，对处于网络时代的公司至关重要。"

努力成为博客内容监测专家吧。营销人员应该抓住网络时代的契机，真正了解消费者的所思所想。积极搜集博主主动提供的即时产品评论，这种免费的网络信息会为你带来无限收获。

评论博客，表明观点

当你发现有人就你的公司、你的产品和你所在的行业和市场写博时，应该积极发表博客评论。大多数博客模板都有博客评论的功能。

创新案例

博客开创总统竞选新模式：这不是传说

"这个世界太奇妙了，一个牧场男孩居然会读博客、浏览雅虎旗下的网站、上 Meetup 社交网站。"埃迪·拉特利夫，Draft Mark Warner 网站的董事长说道。他和合伙创始人史蒂夫·迪克创建了 Draft Mark Warner 网站，作为一股来自民间的草根力量，该网站支持前弗吉尼亚州州长马克·沃纳竞选 2008 年美国总统职位。

"我是 2004 年选举夜那天开始在 Draft Mark Warner 网站工作的，我们用很短的时间就把网站建设好，"拉特利夫回忆道，"接着，我浏览了全国大量博客，并对有关马克·沃纳的博文写了评论。当时他还是弗吉尼亚州州长。没过多久，很多网民都在网上看到'弗吉尼亚州是美国管理最好的州'等言论。"

拉特利夫非常了解美国总统竞选人建立全国性网络后援团的重要性。他的团队开设了名为"马克·沃纳竞选总统"的博客，并与雅虎旗下网站、Meetup 网站展开紧密合作。他们还采取了与上百个政治博客合作来支持沃纳的积极参与策略。"我不想吹嘘我们的重要性，"拉特利夫低调地说，"但总统竞选人想要赢，就必须拥有自己的追随者。我们就是马克·沃纳的草根后援团。虽然不能锁定胜局，但通过我们的努力，马克·沃纳这个名字在全国范围内的出现频率明显增多，影响力也逐渐加强。"尽管不是每篇博文都是 Draft Mark Warner 网站的工作成果，但最近 Technorati 的统计数据表明：1 万多个博客内容曾提到了马克·沃纳。

65

由于拉特利夫及其团队数年的支持，Draft Mark Warner 网站作为独立团体的组织地位（不受马克·沃纳任何影响）反倒为自己带来了挑战。"我们的影响力越来越大，"拉特利夫说，"目前我们是影响力最大的沃纳主题网站。但由于我们是草根力量，没有任何人的指导，所以操作起来要格外小心。我们的工作人员整理、分类沃纳州长的相关资料，我让工作人员写好文案资料，但暂时不发布到博客上，因为我们还没跟沃纳本人正式接触。我们不能对他妄加评论。"

Draft Mark Warner 网站靠捐助来维持网站运作，拉特利夫用捐助资金赢得更多的网络草根支持者。"有时，我会让这些支持者回复电子邮件，在各个州开展地方性的选举活动，"他说，"现在我们在38 个州都有自己的分支团队。"

拉特利夫是位博客营销大师，精通用博客赢取支持的技巧。"过去，竞选战通常在选举前一两年才打响，"他说道，"而我们在总统选举 4 年前就开设了 Draft Mark Warner 网站。我们深信未来的竞选团队会采取这种模式。"我采访拉特利夫的时候，选举战还没有打响，当时还没有竞选人表明他们参与 2008 年总统竞选的意向。

"我的确很辛苦，但我并不是想要自己出名，"拉特利夫说，"我真正的目标是让草根力量参与到总统竞选中来，这很重要。一旦马克·沃纳宣布参选，我们就会立刻行动起来。"

随着沃纳的知名度越来越高，拉特利夫作为马克·沃纳竞选总统团队民间代言人的影响力也越来越大。"现在有大人物同我联系，因为他们想与马克·沃纳取得进一步的联系。"拉特利夫说。

"当一个人全身心地投入到一项事业时，能释放出巨大的能量，取得惊人的成就，"拉特利夫说道，"哪怕个人没有任何政治经验也能获得巨大的成功。如果没有博客和网络，我绝对一事无成。我利用互联网筹备资金，培训草根支持者，联系其他组织。如果只靠信件和传真，我根本不能获得今天的成功。我在《费城问询报》上读到'Draft Mark Warner 运动势头强劲'，这证明博客和网络的巨大影响力。"

网络政治宣传专家科林·德莱尼认可博客对政界竞选人和宣传团体的作用。"再微不足道的团队也能通过自己的网络影响力影响政治进程，"他说，"我们不能忽视舆论型博客的重要性。博主对拥有自己博客的竞选人似乎更为关注。他们似乎对同是'博客人'的竞选者更有好感。就算你的博客写得实在不怎么样，他们也只会点评一下你的博客，寻寻开心！"

Draft Mark Warner 网站的例子说明，在他人博客上积极写评论肯定能取得成效。尽管这是个政治领域的例子，但对大多数组织而言，发表评论进而影响博主的策略同样见效。不过，你首先要了解博客和写博的规则，不要被人误解成哪个公司雇来的网托儿。关注博文内容，然后作出评论，在评论里留下自己的博客或网站地址也是非常重要的一步。

令拉特利夫和诸多马克·沃纳支持者大失所望的是，2006 年 10 月，我采访拉特利夫和德莱尼数月后，沃纳宣布不参加 2008 年总统竞选。

还在发电子邮件吗？赶快写博客吧！

在本书第 17 节，我将详细讲述开博的所有细节。如果你觉得自己已经准备好开博，不妨提前决定自己的博客定位、用什么模板、采用怎样的写作风格等。如果你还在考虑要不要为自己或组织开博，说明你还不确定写博是否对组织有益。

我在帮许多公司确立博客策略时，发现不少组织对发布博文和评论他人博客持保留意见。在企业里，参与博客建设却又对博客营销持保留意见这个现象很有趣。就如同 20 世纪 80 年代的电脑办公和 90 年代的网络与电子邮件所产生的争论一样，现在公司高层似乎对博客这个新兴事物感到不知所措。还记得公司高层认为电子邮件会把公司秘密泄露给外界的说法吗？还记得只有"重要员工"才拥有电子邮件地址的事吗？他们担心员工自由使用公共互联网和网上那些"未经证实的信息"会带来大麻烦！

今天的博客就面临这样的争论。公司律师担心写博客或回复评论会让员工泄露公司机密。此外，他们还觉得如今大部分网络信息都不具有权威性。公司保姆们可不想在这个骇人的信息世界里惹麻烦。

请注意，我们谈论的是"人"。员工常干傻事——他们发布不恰当的电子邮件（和博文），他们随便相信电视新闻报道。但这种争论的基础是"人"，而不是"技术"。正如以前的技术浪潮例子所表现出来的：阻碍科技进步会导致竞争力的丧失。

所以我对组织的劝告很简单。你可以规定员工守则，但可千万别制定什么特殊的写博规则。我倒建议公司执行下述规定：不得对其他员工进行性骚扰，不得对外泄露公司机密，不得利用内部信息操纵股票交易或影响市场价格，不能用任何方式或通过任何媒体进行恶意的言论竞争。这项规定涉及电子邮件、博客、博客（论坛、聊天室）评论和其他的在线交流方式。与其为博客（技术）订立规则，倒不如规范人们的行为。如果你确实担心博客会给公司带来不好的影响，请先同法律顾问商量一下具体解决办法。

有些组织对博客内容采取了创造性的处理方式，即声称所有博客内容都属个人撰写，表达的全是博主的意见，与组织无关，这种态度很好。我非常反对严厉的命令－控制方式，即规定员工不能写博（或发评论），要不就是全部博文在发表前必须先经过公司公关人士的审查。自由发表博客是公司发展的重要组成部分，有前瞻眼光的组织一定会鼓励写博这种新的营销与公关方式。

打破界限：麦当劳也写博

麦当劳的金色拱顶是全球最著名的品牌标识之一。树大招风，知名度越高就越容易成为言论攻击的目标。麦当劳被指责要为美国人的过度肥胖买单，它生产的垃圾食品造成困扰美国的社会问题。麦当劳与大多数大公司不同，它创建了名为"公开讨论"（Open for Discussion）的博客，聚焦于公司的社会责任。这个博客由麦当劳的公司高级协调责任经理鲍勃·兰格特（Bob Langert）执笔，突出对可持续发展的环境问题的评论，使用了诸如"设计包装，环境为先"等博文标题。

博客写得很好，而且一直保持较快的更新速度。虽然是以公司的口吻来撰写博文，但依然保证博文信息的可信度。在"关于"（About）页面上，兰格特写道："我希望通过这个博客，向你们介绍那些可敬的人物、项目和工程，在麦当劳，他们积极履行公司的社会责任。我想让你同我们遍布全球的利益共享者一起，一起分享我们的成就，共同面对挑战。"

公司还推出了"不为人知的麦当劳"系列视频播客。网民可以通过麦当劳官网的 RSS，苹果公司的 iTunes 音乐商店、YouTube. 和谷歌视频观看。这个系列播客突出了"机会"、"食品质量"和"共享"的主题。

麦当劳公司的全球网络交流高级经理史蒂夫·威尔逊（Steve Wilson）领导一支网络团队，来传播麦当劳公司的经营理念。威尔逊首次接受 2005 年 10 月号的《电子内容》访谈中告诉我："互联网极大地改变了像麦当劳这样的国际大品牌的信息角色。麦当劳要想赢得信誉和消费者的信赖，就必须充分发挥博客的共享功能。在投身博客世界之前，我们必须先建立与顾客的交流。"这是全球著名的消费品牌针对写博提出的中肯建议。

博客的力量

一个能运用博客创造成功业绩的人，一定是个充满激情的聪明人。人们用博客表达了自己的理念，开拓了通往梦想职业的道路。摇滚乐队发展了一批狂热粉丝，继而赢得了唱片合约；政界竞选人脱颖而出；公司在面对更强势的对手时，能够平静应战，更有效地进行竞争。以艾拉克拉（Alacra）公司为例，这是一家通过寻找、打包、介绍商业信息，为金融机构和专业服务公司打造在线技术和服务的公司。艾拉克拉公司只有近百人，却敢于同规模比自己大得多的对手，如汤姆逊公司（Thomson, 拥有 4.05 万名员工）和里德埃尔斯维厄公司（Reid Elsevier, 拥有 3.65 万名员工）叫板。艾拉克拉公司最重要的营销和交流策略之一，就是成为公司博客和公司维基的先锋尝试者。

"你发布的内容能造就你的一切，" 艾拉克拉公司 CEO 史蒂夫·戈尔斯坦说，"有名总比没名好。艾拉克拉博客对我们来说非常重要，提高了公司的知名度。"

戈尔斯坦是CEO博主里的先锋人物，2004年3月就创建了艾拉克拉博客。"我们也不知道博客到底能带来什么，但总得试试，"他说，"公司的竞争者实力很强，我希望通过写博能增加公司的知名度。"

戈尔斯坦利用博客平台同客户、潜在消费者和合作伙伴进行交流。他利用博客的即时性和灵活性，向外界发布关于公司的重要信息。"我比较倾向于发布可以展示公司有趣的一面的博文，如员工与合作伙伴的趣事，这和正规的新闻发布很不同，"他说，"博客对公司内部的运作而言，也很重要。我们在伦敦有办事处，我用它来同员工交流。"

让人迷惑的是出版界的博主少之又少。或者是出版人不愿意提供免费的网络内容；或者是大出版社的出版人觉得受到了博客浪潮的冲击。早早动手开博，加上信息不断更新，戈尔斯坦很早就建立了公司博客并积极更新博客内容，这使艾拉克拉公司的实力超过规模比它大几百倍的大型信息公司。"许多出版人并不了解博客，几乎没有人写博，"戈尔斯坦说，"比如，汤姆逊公司和里德埃尔斯维厄公司的重要人物可没写博客。"

现在就行动

每个组织都应当通过博客发现人们对自己的评价。有意思的是，大多数情况下，当我在博客上提到某公司或某产品时，却未从提到的公司获得任何反响。但还是有20%的概率，公司的某人会在我的博客上回复评论或给我发电子邮件。也就是说大约有20%的公司在监测博客圈并对提到本公司的博文作出反应。你也应当这样做。

很明显，在大部分行业和产品类别里，较早开博的博主都被称为先锋人物。现在还有许多行业，可以让你利用博客大展拳脚。一旦你已经习惯阅读和评论博客，就是时候建立自己的博客了！第17节讲的就是你需要的所有关于开博的信息。

第 5 节

新闻发布不是平面媒体的专利

> 千万网民不需经过传统媒体过滤，就可以直接阅读在
> 线新闻发布。利用网络这一新型媒介作为最有效的直达营
> 销工具，帮你抓准买家心理，让你的产品和服务直达买家。

知道吗？新闻发布可不是传统媒体的特权。

20 世纪 80 年代中期，我的首份工作是在华尔街某家贸易公司做交易员。每天，我的主要职责就是盯着道琼斯德励财经资讯和路透社的屏幕，观察不断变化的专业金融资料、经济信息和股票价格。屏幕上还播放新闻报道，这些新闻报道就是所谓的新闻发布。几十年来，金融市场的专业人士通过美国商业新闻社、美通社和其他电子新闻稿分发服务机构，进入公司新闻发布渠道。并不是只有上市公司才拥有发布新闻的权利，任何公司的新闻发布几秒钟内便出现在交易室的大屏幕上。

我清晰地记得，交易员们目不转睛地盯着屏幕，追踪市场动态的蛛丝马迹。新闻发布的标题常常让人发狂："看到了吗？ IBM 正在并购一家软件公司！""即时播报：波音公司刚从新加坡航空公司那里拿到 20 架飞机订单！"多年来，公司直接发布未加工的新闻消息直接影响市场和股价。人们可没耐心等着看几分钟、几小时后，由路透社、道琼斯、彭博记者根据新闻发布内容撰写的新闻故事。

通过新闻边际公司、道琼斯路透社商业资讯、律商联讯的服务，在公司、

政府机构、律师事务所工作的专业人士也能获得未加工的新闻发布。几十年来，这种新闻发布的服务向从事竞争情报工作、研究、探索和其他工作的专业人士提供新闻资讯。

从 1995 年起，由于网络的普及，只要有互联网接口和网络浏览器的人，都能自由获得新闻发布内容。

我向公关人士介绍这个情况时，他们总是表示强烈的反对："等一下！我们不同意！公关的角色和新闻发布作为工具的目的，都是同媒体交流。"这种观点的代表人物是史蒂夫·鲁贝尔（Steve Rubel），世界上最具影响力的公关行业博主之一。他写了篇博文，猛烈抨击我的新闻发布理念，博文的题目是："直达消费者的新闻发布是狗屁"。

Point

> 组织不必非要通过媒体的过滤才发布新闻，直接与读者沟通是更健康的公关方式。

再来看看传统公关人士的意见。美国公共关系协会宣称："公共关系是门专业学科，它从道德上鼓励社会实体间的互利关系。"1988 年，该协会的理事机构——其代表大会正式采用了这个被广泛接受的公共关系的定义。在"公共关系帮助组织和与其相关的公众群体彼此使用"这个描述中，根本就没有提到媒体。公关实际上就是与受众建立联系。

我觉得公关人士对未知事物有种恐惧感。他们不知道如何与客户直接沟通，希望停留在过去的世界里。他们觉得要做好公关，只能借助媒体作代言人。还有一种普遍的观点，即通过媒体发布新闻，组织就可以控制新闻报道的尺度，公关人士并不认为大众读者有了解实情的权利。面对十几位记者可比对付一名知情的读者容易得多。其实，这是杞人忧天的想法，事实并不如此。

过去，人们称新闻发布为 press release，显然，press 这个单词使公关专家们认为新闻发布必须通过正规媒体。我曾为国际在线交流协会（IAOC）主持过一场模拟辩论赛，辩题就是"是否应当称新闻发布为 news release 而不是 press release"。网民也纷纷在该协会的博客上讨论直面读者的新闻发布的优缺点。最后，几十位职业传媒人一致同意，把直面读者的新闻发布称为 news release。我很赞成这种做法，因此，出现在本书中的新闻发布均为 news release。

网络世界的新闻发布

媒体已经迎来非居间化时代，网络改变了游戏规则。买家会直接阅读你的新闻发布，因此你必须转变方式，迎合买家的需求。如今，机灵的营销和公关专业人士应该懂得如何通过新闻发布直达买家。如第一节所述，并非传统的媒体关系不再重要，主流媒体和专业报刊仍是全面交流策略的必要构成部分。在某些行业，主流媒体和专业报刊极其重要。当然，虽然传统和主流媒体仍通过新闻发布中获得报道素材，但你的第一受众不再是少数新闻记者而是数以百万计的网民，他们通过搜索引擎和 RSS 直接获取新闻资讯。接下来，我将介绍在网络时代直达客户的规则。

- ◆ 千万别只在有"爆炸性新闻"时才做新闻发布，应该随时做好新闻发布。
- ◆ 改变只针对少量新闻记者的发布策略，创造直接吸引买家的新闻发布。
- ◆ 写新闻发布稿时，要有大量醒目的关键词。
- ◆ 在新闻发布稿里表明自己渴望与客户交流的意愿。
- ◆ 在新闻发布稿里写明网址链接，吸引潜在客户访问网站。
- ◆ 优化新闻发布渠道，便于网民搜索、浏览。
- ◆ 在 Technorati、DIGG、del.icio.us 里添加社交媒体标签，让你的新闻稿更容易被发现。
- ◆ 用新闻发布推动人们进入销售环节。

要从根本上改变运用新闻发布的方式。遵循这些特别的发布策略，你就能利用网络这一新型媒介作为最有效的直达营销工具，帮你抓准买家的购物心理，让你公司的产品和服务直达买家。

引领买家自助式的网络营销

2005 年底，我正在为软件营销前景会展（Software Marketing Perspectives Conference & Expo）准备一份主题演讲稿，题目是：缩短销售周期——营销计划激发高收益。说实话，我这人办事有点拖拉。面对空白的 PowerPoint 文档，我决定从谷歌中发掘灵感。

我输入"加速销售周期"，想看看能否找到有意思的资料，以便补充完善自己的演讲稿。首先跳出来的是网迅（WebEx），一家提供在线协作服务的公司。点开一看，竟然是网讯官网的在线新闻发布。太妙了，我一下就搜到了网讯新产品的在线新闻发布稿，而稿件的第 1 句里就是我搜索的短语"加速销售周期"：

> 行业领军者网讯建立起网讯销售中心，扩大了整套实时协作系统
> 完善团队销售进程，通过调整销售周期加速发展，让经理人监测和评估网络销售运作
> 加利福尼亚州圣何塞，2004 年 9 月 20 日，WebEx 通讯
> 网讯纳斯达克上市公司，在按需服务方面一直表现突出。今天公司正式宣布建立起网讯销售中心，帮助公司缩短销售周期，增加赢利率，加大网络销售的规模……

接着我又在谷歌新闻查找同一关键词，网讯公司还是列在搜索结果的第 1 位。点击链接，是一条 2005 年 9 月 28 日的新闻发布《应用集成行业领军者网讯公司正式启用网讯应用系统，优化营销与销售流程》。这条关于一位网讯客户的新闻发布，通过 PR 网上新闻通讯社在网上发布，并标有网讯公

司的官网网址以提供其他方面的信息。网讯公司还在某些新闻发布稿中提供网站链接，让用户免费尝试该公司的其他在线服务。很棒，对吧？

"这就是我们的策略，"网讯公司公关经理科林·史密斯说，"谷歌和新闻关键词使在线新闻发布成为重要的传播介质。我们认为，在线新闻发布能够极大地满足终端用户公司的特别需求。"

发布在线新闻稿时，史密斯都会优化搜索词，使网民能轻而易举地搜到网讯公司的信息。经过他的研究和努力，当买家搜索有关"加速销售周期"等众多关键词的网络信息时，网讯公司的新闻稿会出现在搜索结果的顶端。

网讯公司的这个例子，充分说明了公司优化在线新闻发布内容和关键词的重要性。由于充分发挥在线新闻发布的优势，网讯公司受益匪浅。除了能直达在线客户外，他们还通过附加功能，加速了信息流动，赢得了更多的潜在客户。在向累计超过 1 万多名营销与网络内容专家和高管演讲时，我多次引用这个例子。这个案例还被我收入那本名为《公关新规则》电子书中，在网上被下载 20 多万次。

"有人说传统的新闻发布已经失效，"史密斯说，"但直达客户的新闻发布却拥有强大的生命力。"史密斯不断完善直达买家的在线新闻发布策略，为能更好地运用这个越发活跃的传播介质，他不断精炼写作手法和公关技巧。"过去，我反复阅读被誉为'美联社圣经'的《美联社文风指南》（*AP Style Guide*）里的新闻发布稿写作手法，"他说，"但世界变化太快，关键词和关键短语突然身价倍增，互联网不断扩大的范围为终端用户开辟了一条新的信息接收渠道。"

史密斯并没有让关键词主宰他的写作方向，但他会有目的地在新闻发布稿中运用关键词和关键短语。"单个关键词的作用不大，但短语就很有效，"他指出，"人们搜索我们公司的名称，就一定能在网上找到我们的新闻发布。"

在为网讯终端用户打造的新闻发布稿中，史密斯还细心地提供了产品信息。"我们一直思考，到底什么是网民最关注的，"他说，"所以我们在发布稿里推出产品免费试用。"网讯公司发布的 80% 的在线新闻发布稿都与产或客户有关。鉴于网讯是上市公司，另20%是关于收益和常规事务的发布。"网讯非常推崇通过网络来向终端客户讲故事，"他说，"既然人们现在都了解网络会议的便捷，也就不难接受通过在线新闻发布来讲故事的策略了。"

史密斯还计划如何制造病毒营销的蜂鸣效果。例如，他很关注网讯在线协调系统能发挥作用的重大事件新闻。"在大隧道末期工程造成波士顿交通一片混乱时，我们提供了限制性使用的免费服务。纽约市交通系统大罢工期间，我们也提供了这种服务。"史密斯很清楚，在特殊情况下，人们会倾向于使用网讯提供的在线服务。这种免费服务常常会建立起忠实的未来客户群。

直达客户的在线新闻发布是网讯营销方案中的重要构成因素。"我们一直在进行追踪在线服务的运营情况，统计有多少用户是通过在线新闻发布中提供的链接，开始试用我们的其他免费服务的。"史密斯说。追踪结果很不错，但并不代表不存在问题了。"我们不想滥用新闻发布渠道，"史密斯解释说，"除了在线新闻发布之外，公司还有其他的。我们希望在线新闻发布能引起记者的兴趣，同时向客户提供像免费试用之类的在线服务。"

网讯公司运用在线新闻发布成功地吸引了所有的媒体要素——监测公司股票和金融市场的玩家，报道网讯产品与服务的记者，搜索网讯信息的客户。网讯公司和其他创新组织的例子证明，直达客户的新闻发布策略与传统的媒体关系并不矛盾。

在旧世界里，必须通过传统媒体才能发布公司新闻，但现在的情况与从前已大不相同。

网络把各种公司、非营利组织、政治运动、个人，甚至教堂和摇滚乐队转化成"出版人"的角色。作为出版人，在没有出版社参与的情况下，所有这些组织都能通过打造精彩的在线新闻发布稿，让有用的信息直达买家！

第 6 节

你自己拥有的电台播客

> 借助细分市场，把音频发送给目标听众，组织便可以
> 迅速成长为本行业的思想领军者，并成为目标客户群购买
> 时的首选。

音频早已不是新鲜事，很早以前，网上就已经有大量的音频剪辑了。但直到现在，音频内容的应用并不广泛，因为它们很难查找，浏览不便，而且不能保证更新速度。同时，大多数音频内容的时间都长达 1 小时或更长，不仔细听就无法了解音频的内容，所以没多少人能耐着性子听完。

比起静态的音频下载，类似网络广播站的播客对网民来说更有吸引力，也成为各类组织青睐的新型营销媒介。它的发展基于两项基础：一是通过 RSS 订阅器收集音频回送和通告，这使预订了音频回送的听众能下载最新版本。电台节目运作模式是主持人为满足独特听众的特别需要量身打造节目内容。播客的运作模式与电台的模式大不相同。电台频率只支持寥寥可数的台站，广播信号覆盖的地域范围也很有限。为获得改进电台技术建设的资金，广播公司需要不断扩大承重能力，插播商业广告（公共电台需要努力争取捐赠）。与此不同的是，互联网音频播客几乎是免费的（除了为数极微的主持费用和少量设备费用外）。播客面向全球的网络听众，允许千百万人上传和观看播客节目。二是通过 iTunes 获得播客回送。现在，iPod 使用者只需订阅回送（通常情况下是免费的），连接到电脑的 iPod 便能随时下载更新过的播

客节目。人们在汽车里、火车上听 iPod 或外出工作随身携带 iPod 时，可以根据自己的需要，进入金字塔般的细分下载系统，定期下载更新过的播客节目。播客的出现，使人们摆脱了主流媒体、击中式电台的专制性传播，根据自己的爱好选择收听的节目。

让我们回到最基础的问题：播客到底是什么？简单说，播客就是可以通过 RSS 回送更新的音频内容。虽然播客这个词是由 (iPod) 派生来的，但并非只有通过 iPod 才能收听播客节目。除了 iPod，你还可以通过 MP3 播放器或直接通过电脑收听播客节目。

现在，营销人员手里有了播客这个工具，可以有效地设计和发送音频内容给那些需要的人。营销人员可以轻而易举地开发一个播客节目，针对特别的买家角色，把受欢迎的和有用的定期更新内容发送给他们。借助细分市场，把音频发送给目标听众，组织便可以迅速成长为本行业的思想领军者，并成为目标客户群购买时的首选。

音乐人直接控制市场

音乐行业是长尾营销的典型例子。网络问世之前，一支没与音乐公司签约的乐队根本没有走红的可能，最多是在一个城市或地区赢得当地听众的关注，或赢得例如美国东北部大学生的喜爱。播客时代的到来改变了一切。现在，只要有简易设备，你就能设立一个网络电台，通过 iTunes 和其他在线服务渠道，在全球网络上即时播放自己的播客节目。

创新案例

播客：小众乐队和独立音乐人的成名之路

乔治·L. 史密斯是名为"折中派"(Eclectric Mix) 的播客主持人。他鼓励听众欣赏新潮的、多元化的音乐，并通过播客节目推广宣传自己钟爱的乐队。这个播客的特色就在于"折中主义"：从多元化的音乐来源、系统和风格中，选择最入耳的音乐。

"每次播客节目，我都会重磅推出一位音乐人的音乐作品，"史密斯说，"从古典到朋克，各种音乐类型都在我的欣赏范围内。大学时代，我复制磁带和同学们分享交流音乐心得。我曾经有一段时间并不怎么听音乐，最近却发现世界上还有许多精彩的音乐，我通过播客而不是磁带，能同更多的人分享。"

史密斯热情地讲述播客是如何改变音乐的面貌。"对25岁以下人群而言，音乐播客的运作非常成功，"他说，"播客能让人们欣赏到许多小众乐队的好音乐。这在过去根本就不可能，但现在乐迷拥有充分的选择权。许多音乐人只是单纯地希望有更多的人能听自己的音乐。认真听，就一定会发现自己喜欢的好音乐，你可能会选择去听喜欢的乐队的演唱会或从iTunes上下载他们的音乐。很多乐队的主要赢利渠道并不是CD销售，而是演唱会的收入，这才是许多小乐队赚大钱的方法。"

史密斯非常重视音乐的版权问题，只在自己的播客节目中播放获得播客授权的音乐。通常来说，越有名的乐队越不同意在播客节目中播出自己的音乐（准确说，是他们的唱片公司不允许那样做）。但许多独立音乐人都希望自己的音乐能在像史密斯主持的这类音乐播客中播出，从而扩大自己的知名度。"Uncle Seth乐队就是一个好例子。他们很乐意与像我主持的这种播客工作，"史密斯说，"Uncle Seth是支不错的独立乐队，我很愿意在自己的播客节目里介绍他们的混搭音乐。"

"播客既很新潮又很平民，像你我一样的普通人都可以通过它来欣赏好音乐，"来自多伦多的Uncle Seth乐队的创作型歌手杰伊·穆纳说，"电视台、商业电台和MTV人居高临下地工作和议论音乐人的音乐。我们的乐迷中有很多都是像'折中派'的乔治·史密斯那样的播主。他们在自己的播客节目中播放我们的音乐，我们会进行邮件沟通，这一切都很有趣。"穆纳说，Uncle Seth乐队作为播客营销的先锋乐队通过网络播客的广泛辐射面，吸引了越来越多的乐迷。

除了同其他播主们合作，穆纳和 Uncle Seth 乐队也有自己的播客。在每期节目中，乐队成员都会讨论古怪的话题，或是独家播放自己的最新作品。"我们努力让播客节目看起来不只是单纯的音乐节目，"穆纳说，"我们想在节目中融入个人风格。所以，有时在节目中我们会从头到尾谈论自己的第一次买碟经历。"

"这两年，播客已经发展成社交网络的一部分，"穆纳说，"从技术层面上讲，我们早就可以搞播客了。但我们要首先确保自己网络社交的'清洁度'。乐队和其他团体把音乐和网络社区结合在一起。比如，我们通过一支名为 Canadian Jam 的乐队社区认识了许多朋友。网络社区和真实世界里的社区一样，你要同许多人打交道。"

穆纳精心打造自己的播客节目和音乐网站，还与其他乐队、音乐公司一起通过播客营销策略开展副业。"特别在加拿大，音乐人很难谋生，"他感慨道，"把音乐、咨询和播客的业务组合成一个循环产业，对我来说确实很有效。"

"我希望人们都能了解播客的诸多用途，"穆纳继续说，"播客是合法的产业，可不是儿童游戏。所以，我对经纪人和音乐公司的忠告是，在开办自己的播客之前一定要先听听其他人的播客节目。作为乐队，你可以通过播客与电台展开竞争，因为你可以运营多个播客，这样可以提高你音乐的收听率，就像在电台循环播送音乐一个道理。"

◎ Point

先找到你爱听的播客，判断播主会不会在节目中播放你的音乐，然后向播主提交你自己的音乐，看看播主是否在节目中播放了你的音乐。在决定开播客前，一定要考虑清楚定位和目的。收听率高的播客播主一定深谙播客操作要诀。

播客，不只是音乐

史密斯和穆纳关于播客的忠告，不只是针对音乐人，对所有想直达买家的组织都很重要。对于适合通过音频传播的内容，或喜欢收听音频内容的买家来说，播客是很好的营销市场。例如，许多政治家和教堂都有自己的播客，追随者即便不能到场聆听，也能通过播客收听演讲和布道。在第 18 节，我会更加详细地介绍播客以及运营播客的诸多小技巧。

播客也许是与电台最为相似的传播介质，营销人可以从音乐行业与播客的结合案例中学到很多。"现在的播客就像是 10 年前的互联网，" 史密斯说，"10 年前，我向人们介绍网络，并自己建设网站。随后，许多大公司迅速进入网络市场。播客的发展与互联网一模一样，现在也有像美国国家公共电台（NPR）开始进入播客市场。"

作为内容营销策略的重要组成因素，播客已经成为越来越重要的营销组合部分。例如，网站客服部不停播放"如何操作"的播客系列内容。公司针对经常出差的人（如销售员），利用他们在旅途时间，通过有趣的播客内容成功地对他们进行营销宣传。对许多组织而言，播客与博客、网站、电子书和其他网络营销工具和项目一起，组成了有聚合力的综合营销策略。

Digg 网站是集网络社交书签、博客、RSS 和无等级编辑控制器于一身的科技新闻网站，通过播客向用户发送科技新闻、评论和信息。Digg 还有博客和内容丰富的网站，实现多种营销工具的联合效益。Diggnation 播客是经典的思想领导先锋播客，每期的下载量都超过 10 万次。Digg 的创始人兼主设计师凯文·罗斯主持的 Diggnation 播客，内容不仅仅局限于公司和自身的产品。2006 年，Diggnation 获得人民选择奖（People's Choice Podcast Awards）最佳技术播客，因为它帮助人们在收听播客内容的同时，不断获取科技知识，并一直保持很高的收听率。

第 7 节

论坛：舆论之战在这里拉开

> 人们在哪里展开对你所在的行业、产品和服务的讨论呢？如果这个场所已经存在，那你应该监测它，并适时参与进去。假如还没有，那就应该考虑创建论坛或维基。

人们利用网络详细地搜索产品和服务，参加政治运动，加入乐迷和影迷俱乐部，讨论业余爱好，聚集在不同的网络空间中。网络技术名目繁多，但不外乎以下几种：聊天室、留言板、列表服务器（list serves，类似聊天室，但通过电子邮件向注册用户发送信息）、维基和交流性博客。

英雄所见略同的爱好者、专业人士、粉丝和支持者，在各种网站上就自己感兴趣的话题展开热烈讨论。

互动论坛在公关与营销人士眼里是毫无意义的一潭死水，不值得费时监测，更别提积极参与了。忽视网络论坛无异于自毁品牌，而积极参与其中就一定有回报。

创新案例

索尼：忽视论坛指责酿成产品召回事件

2005 年 10 月 31 日，马克·拉希诺维奇在一篇名为《索尼、路基兹和数字版权管理太过火了》的博文里，详细地分析了索尼博德曼发布的一款音乐授权软件的特点。拉希诺维奇认为，索尼的这款软件设计上的缺陷，让电脑病毒和恶意软件有了可乘之机。他同时指出，不仅是软件的安装方式存在很大问题，而且该软件居然没有卸载功能。

拉希诺维奇在博客上写道："这真是让人愤怒和沮丧。索尼的安全漏洞太多了，软件本身也写得很糟糕，根本就没法卸载。更糟糕的是，大多数用户删除隐藏音乐文件时，会导致电脑死机，并损害电脑硬盘。媒体行业使用版权保护机制防止非法拷贝的权利无可非议，但目前还没有在正当使用和版权保护之间找到平衡点。由此看来，索尼公司在数字版权保护方面做得太过火了。"

拉希诺维奇的这篇博文引起了轩然大波。此后几天，他的博客上出现了几百条评论，严厉批评索尼博德曼音乐公司。"谢谢你揭露了索尼的丑行。前几年我花了几千美元买索尼的音乐软件，以后再也不会了。"网名为用户101的顾客写道。"抵制索尼那个混蛋公司！"这是网名为杰克3617的顾客的留言。"如果你计划抵制索尼公司，一定要让那个它知道。他们要知道客户正在流失，最重要的是要知道是什么原因导致了这种局面。或许其他公司也会得到这条消息。"科尔比评论道。"马克写了篇好文章，揭露了索尼干的丑事。"彼得·林格伦的评论一针见血。

几百位博主纷纷就此问题写博，阐述自己的观点。聊天室和像Slashdot(提供"技术怪才的新闻"的网站。——译者注)这类论坛热火朝天。许多人怒气冲天，指责整个音乐界就知道忙着打击盗版、控告音乐下载者，完全不把客户放在眼里（整个音乐界都存在这个问题，而不仅仅是索尼博德曼公司）。很快，来自至顶网、信息周刊这类在线新闻网站的记者纷纷撰写代表自身观点的评论文章，使该事件演变成国际新闻。

网上一片喧闹的时候，索尼博德曼公司在哪里？没在博客里，也没在留言板里。没有任何一位索尼博德曼公司的工作人员参与在线讨论，没人通过网络发表公司的看法。索尼博德曼公司一片漆黑（根本没加入网络社区的热烈讨论），这令事态越发严重。最后，直到2005年11月4日，索尼博德曼公司全球数字业务总裁托马斯·赫西（Thomas Hesse）才在美国国家公共电台的"晨间访谈"节目中亮相，为公司辩护。选择国家公共电台来反击网络上的抗议风暴，这真是错上加错。要是赫西当时立即对拉希诺维奇的博客作出评论，或在事发初期与网络出版物的科技版记者沟通，针对关注此事的网民的诉求表明自己的观点，客户可能不会这么生气。然而，他根本不理解客户的心情，声称他反对恶意软件、间谍软件、rootkit（特殊类型的恶意软件，基本上是无法检测到，而且几乎无法删除。——译者注）之类的叫法，试图通过"晨间访谈"节目来淡化此事的影响。他在访谈时说："我觉得大多数人根本不知道什么叫rootkit。那他们为什么要关心它呢？"

在线争论愈演愈烈。到2005年11月18日，索尼博德曼公司发出召回通告。通告宣称："尊贵的客户，你也许目前正在关注索尼博德曼公司发售的部分有XCP（扩展复制保护）功能的音乐软件。该软件是由第三方卖主英国的First4Internet公司提供给我们的。讨论主要集中在因使用带有该音乐软件的CD所导致的安全问题。索尼博德曼公司上下很重视这一问题，因此，我们已设定了一个邮件发送程序，客户可以用手中带有XCP功能的CD换取无复制保护功能的CD，我们还将100%保证原CD中的MP3文件不被破坏……"

可惜，索尼博德曼公司的这次召回并没有终止事端。2005年11月21日，得克萨斯州司法部长格雷戈·阿伯特根据该州2005年反间谍软件法起诉索尼博德曼公司，加利福尼亚州和纽约市也采取了集体诉讼。不久，法律专业学生马克·莱昂通过博客追踪记录了整个索尼博德曼XCP恶意软件诉讼案件。"当索尼博德曼公司告诉我，他们会在我的电脑安装一个'小程序'时，我相信了他们，"他在博客上写道，"可是，他们的软件写得烂透了，让我面对一堆电脑病毒和网络安全问题。更重要的是，当初索尼公司信誓旦旦说这个软件绝不是恶意软件，到头来却在收集我的电脑使用信息。本博客旨在帮助受索尼博德曼公司和XCP功能的受害者。"在他撰写这篇博文时，索尼已同40个州达成和解协议，而莱昂则继续在名为"索尼案件"的博客上发表相关博文。

当然，要是索尼博德曼的工作人员能早点进入博客风暴，向用户道歉，并公布索尼的行动计划，立即提供更换程序，情况可能会迥然不同。对音乐出版人来说，这不足以解除整个危机，但能从很大程度上消除此次事件带来的负面影响。

对所有组织而言，从本次事件得到的最重要的教训是：**一旦网上有动静，你必须立刻予以回应，迅速而真诚的反应是至关重要的。你或许不能彻底扭转颓势，但你一定能把自己的组织打造成有人情味、有个性的人性化组织，而不是漠不关心的大组织。只要参与到网络空间中去，就会让整个态势朝好的方向发展。**网络链接的力量就在于：网民看到你在某个论坛的帖子或某篇博文后，如果他们觉得这有意义、有道理，会自发地转发链接地址。最重要的是在事发第一时间参与网络讨论，此外，还要保证言论的真实和真诚。

马上参与网络论坛吧！

通过网络，客户、利益共享者、媒体能立即知道网民的动向。目前，还找不到比它更好的媒介，来监测他人对你和你的产品的评价。互联网就像一个巨型的人际集群，畅所欲言的客户的每一句话都是免费的反馈信息。

利用这种资源并不复杂：你只需监测别人对你的评价。当某家公司在网络上引起热议，尤其是负面评价很多时，如果这家公司的工作人员不作任何回应就太不可思议了。如果公司保持沉默，完全不参与网络讨论，网民就会开始怀疑：“他们隐瞒了什么？”在客户经常出现的博客、论坛、聊天室里参与讨论，这表示你很关注那些花钱买你产品的客户。别等到危机降临的时候再着急，任何时候你都该适时介入网络讨论，千万不能忽视网络的口碑效应。

再看另外一个结果迥然不同的例子。

创新案例

尼康代理商：监测和回应负面网络舆论成功维护公司声誉

2005 年底，尼康推出新的“产销合一”D200 型数码相机，该相机适用于高级业余摄影爱好者和专业摄影师。尼康通过专业分销商和高端相机商店，在全球销售该机型。除了正常的销售渠道，尼康还在巡回城市和百思买样的“大盒子店”(集大卖场、家居超市和特色餐厅等为一体的大型连锁商业购物中心。——译者注) 里进行销售。该款相机以限量版发行的形式在假日之前推出，引起购买热潮。

“像我这样的相机狂热分子总是能找到尼康相机的卖家，”富有经验的摄影师和尼康的长期客户阿兰·斯科特说，“相机迷们千方百计想把 D200 这款新机弄到手，要么是提前预订，要么紧盯着零售网站上的到货通告。”

像其他摄影师一样，斯科特经常光顾尼康人社区 (The Nikon User Commuinity) 和数码摄影评论 (DPR, Digital Photography Review) 这样的热门数码摄影论坛。“论坛气氛很活跃，很多人抱怨他们从一般的长期供应商那里买不到相机，只有大盒子店有卖，”斯科特说，“然后，尼康人社区和数码摄影评论论坛上有人讨论，说纽约 B & H 数码公司 (一家具有专业员工的高端摄影摄像器材供应商) 在接受了顾客订单以后，不但没有按时发货却取消了订单。”

第一份帖子是来自 ceo1939,帖子中写道：“今天下午约 4：30 (北美山地时间)，我从 B & H 订购了一部 D200，但我用信用卡支付时出了问题。1 个小时后，我收到一份电子邮件，说他们出了技术问题而且没有现货，但他们会保留我的订单，并在到货后再收取我的支付款。我试图取消刚才的付款，但又收到一份电子邮件，里面的内容是如何处理有争议的付款问题。明天上午我打电话给他们，看到底是怎么回事。"

许多相机爱好者和B&H的客户都很关注这个帖子。"几小时后，论坛里出现了几十份帖子，基本上都在批评B&H公司，人们觉得公司根本是在耍他们，"斯科特说，"论坛参与者说，B&H的电子邮件通告根本没用。那些去实体店买相机的人货都到手了，而通过网上预订的客户的命运却没个着落。"

B&H的这次危机是不是有点类似索尼事件？两次事件都是专业在线论坛的网民斥责公司的产品和服务，都源自网上没什么名气的线索，而不是主流媒体频道和其他公关人士获取客户对公司评价的典型场所。B&H案例的结果与索尼截然不同，因为B&H的一位员工是论坛的活跃用户。

"经常上这个网站的人都知道，尼康美国公司不想这款机在零售店出售，"B&H公司员工亨利·波斯纳在数码摄影评论上发帖子时写道，"在这次事件中，我们接受了客户的订单和订金，却无法及时发货。因为目前的销售渠道和供应链出现了问题……对此我们深表歉意。"

与索尼的例子不同，B&H的工作人员监测到了对自己不利的网络舆论并准备好参与网络讨论。斯科特说："B&H的亨利·波斯纳在论坛发帖，解释说，'你们是对的，我们做错了。'接着又解释发生了什么，表示歉意，说B&H会马上采取措施。秉着主动认错的原则，一个小伙子用一个论坛帖子就挽救了B&H的名誉。此后关于B&H公司的评价就没那么负面了。"

确实如此，"我很钦佩亨利，他作为一名公司员工能积极参与网上评论，"网名为BJ Nicholls的论坛用户写道，"我还没看到其他行业的重要人物就商店事务和产品，在网上参与公开讨论。"

网民 N80 补充说:"我很欣赏他的诚实。他承认公司的错误,说明当时的情况确实难以处理。但他坚决否认骗取客户款项的说法。我绝对相信他。"

B&H 事件不是出自巧合的一次性事件。留言板和论坛是公司营销与交流策略中至关重要的构成部分。

"我经常在论坛里浏览帖子,"B&H 公司企业交流经理亨利·波斯纳说,"积极参与论坛真的很重要,这也正是我的职责所在。因为我做过专业摄影,很了解公司销售的摄影器材,所以我在论坛里有一定的威信。"加入 B&H 之前,20 世纪 90 年代中期,波斯纳曾在一家向大学和高中提供摄影服务的公司工作,主要负责篮球和足球比赛的摄影。

每天,波斯纳监测几十个留言板和论坛的情况。"我会特别关注有关摄影器材和摄影技术的帖子,"他说,"最重要的是,我需要维护自己在论坛里的威信。所以,我从来不打着自己或者 B&H 公司的名号乱发言。一旦发现讨论中涉及自己熟悉的设备和技术,我会立即参与其中,并提出一些有价值的建议。"

B&H 公司有邮订目录、一个电子商务网站和一家位于曼哈顿的占地 3.5 万平方英尺的零售商店。"我们的客户既有业余摄影爱好者,也有专业摄影师,甚至包括办公室工作人员,"他说,"我会在适当的时机参与论坛讨论。但有人问到在哪购买相关器材时,我都是通过个人电子邮件提出我的购买建议,我可不想在论坛里直接推销自己公司的产品。我很关注大家对 B&H 的讨论,但通常情况下我会当个潜水员,静静看帖。要知道,有人会因为我在行业内的权威,故意发帖说 B&H 的好话。所以,我只会在真正涉及 B&H 核心问题的帖子里发言。"

你的公司也许同样会面临这样的公关危机,想顺利化解这些危机吗?像亨利·波斯纳那样,**同客户一起积极参与在线社区,你会获得更多来自客户的理解和耐心。**

论坛空间

营销人员对上述两个例子有何反应？"参与论坛势在必行。"热门宇航网站collectSPACE的编辑罗伯特·帕尔曼断言。帕尔曼于1999年开设该网站，在此之前，还没有一个类似于宇航大事记的网站来记录宇航历史。"互联网问世前，在德国、日本、休斯敦和邻近佛罗里达州的肯尼迪宇航中心，有一些宇航历史的收集团体，"他说，"他们无法进行交流，collectSPACE网站却实现了这一点，我们把每个团体掌握的信息聚合在一起。"

collectSPACE已经发展成全球宇航信息收藏者的社交网络，宇航爱好者通过网站分享宇航知识和信息。网站拥有3 500名注册会员（绝大多数都是活跃用户），每月有大约10万名专业读者。有趣的是，collectSPACE还召集了很多参与早期宇航项目的人员，让他们参与论坛，谈论他们曾亲身参与过的宇航项目。帕尔曼说，许多宇航员都很喜欢读论坛帖子，因为他们亲自参与了伟大的宇航历史进程。除此之外，很多老宇航员还靠网站保持联系。在保护航天界遗产之余，宇航员还通过论坛来更新自己的专业知识。

"在其他收藏领域里，收藏者与博物馆各执一词，"帕尔曼指出，"博物馆把收藏者视为自私的地下室囤积者，不像自己那样把收藏品与公众分享。而在收藏者眼里，博物馆就会展示宇航服和航天器，整理整理档案，在其他方面毫无建树。collectSPACE网站让博物馆与自身的'竞争者'——收藏者进行互动，听取来自民间收藏者的忠告。收藏者帮助博物馆设计展览，并把自己的收藏品借给博物馆展出，博物馆也把多余的展品卖给收藏者。"

参与该网站论坛，对经销商、制造商和拍卖行都很有益处。"参与论坛后，经销商和制造商对收藏者的兴趣一清二楚，"他说，"他们根据市场趋势作出判断，而不是胡乱猜测爱好者的兴趣。对特别物件来说，通过迷你市场研究，你立刻就能得到反馈。"

作为该网站论坛的版主，帕尔曼已经跟了几万个帖，充分了解了宇航收集业的情况。"如果有人在论坛里发帖批评某一行业的某个问题，那么，这个行业的人就要引起重视，并及时作出反应，"他说，"论坛用户都有某种共识，他们认为论坛是自己的阵地。有人发布过 500 条甚至上千条帖子，并视之为荣誉。某行业的专业人士需要让收藏者了解，你是在关注收藏者，论坛是收藏者的领地而不是你的。"

帕尔曼的忠告、索尼博德曼事件和 B & H 的例子都说明，营销人员必须积极参与本行业的网络社区。但你不能只在推销自己的产品和服务时才出现在论坛里。成功的公司在论坛里发挥自身专长，对很多话题都提供观点和建议。他们是网络社区的积极参与者，这有利于逐渐建立公司的信任和权威，大大提高经营业绩。

维基、列表服务器和受众

与尼康人、collectSPACE 论坛相似的，还有团体电子邮件列表（常称为列表服务器）和维基。与论坛相似，列表服务器是志趣相投的一群人互相联系的方式。任何成员都能在列表上发帖，列表服务器通过电子邮件把帖子内容发给注册用户，不需要用户再访问帖子原网址。

利萨·所罗门先生提供法律研究并为其他律师写服务文章。所罗门积极参与 Solosez 之类的讨论列表（该列表服务器由美国律师协会经管），为独立律师服务。"开展法律业务时，列表服务器是个非常重要的工具。我积极参与讨论，发表自己的看法，希望对他人有所帮助。我的列表服务器上签名就是我的个人网站网址。通过列表服务器，别人可以了解我的动向。我在自己的个人网站上发表法律范文供他人参考，这有利于我拓展人际网和发展业务。"

维基是允许用户自主更新、取消或编辑网站内容的网站。最著名的维基是维基百科，即自由百科全书。每个人都可以参与网站内容编辑，到目前为止，维基百科已经有 130 多万个条目，全都是由像你我这样的普通网民添加的。如果你还没接触到维基百科，那赶快在维基百科里输入你组织的名称、重要品牌名称、CEO 的名字，以及重要人物和董事会成员的名字，看看有什么结果。事实上，维基百科条目在搜索引擎搜索结果里位于前列，也是浏览量最大的 10 个网站之一。

　　你应该确认每一个条目的精确度，你可以改正任何不正确的描述（例如错误的员工数量），但千万别造假，因为网民会对更新内容作出即时反应。一个条目每天更新几次都不罕见，大公司的更新更是频繁。维基百科有一条网站规定："所有条目内容必须以公平公正的中立观点撰写，不得带有偏见。"所以，万一在维基百科上有你所在的组织的涉案记录，千万别试图删除这些记录。

　　有时，可以在维基百科上发表一篇新文章就最好不过了。对一些组织来说，针对自身专长发表一些具有专业视角的信息，会为组织带来意想不到的收获。不要在维基百科里推销自己公司的产品或服务。你可能注意到，有些文章里的词条被链接到空白页面上。蓝色或紫色的链接表示有内容的页面，红色链接则指向空白页面。要是你看到一串红色的链接，说明那里需要添加内容。如果碰巧你有这方面的专业知识和技能，或许你可以写篇文章补充缺少的内容。例如，某技术公司可以在已有的维基百科产品条目上添加自己专利的详情。

创建自己的维基

　　在你组织所在的专业领域里，可能现在还没有建立起相应的论坛、列表服务器和维基，如同 collectSPACE 网站的罗伯特·帕尔曼那样，你会发现自身所在市场里的未被满足的需求。维基就像一位已经预约好的医生，你可以试着创建自己的维基，它将为你的组织带来巨大的收益。

　　2005 年 9 月，我们在第 4 节中已经读到过的艾拉克拉公司 CEO 史蒂夫·戈尔斯坦为艾拉克拉维基揭幕。它为生产者和消费者提供公开的、协作的行业信息。艾拉克拉维基把本行业信息以及公司和重要人物的全面概况整合在一起，通过 RSS 在网站首页发布。该网站聚合了大量优秀分析师和专业出版商发布的信息行业新闻。"在法律许可的范围内，通过自身的努力，我们从出版公司和行业数据库里收集了大量有价值的信息，"戈尔斯坦说，"我们认为这些信息非常宝贵，而维基显然是最好的网络媒介范式。"

令戈尔斯坦吃惊的是，在艾拉克拉维基问世之前，市场里居然没有行业信息目录。"我们在维基里发布行业参考数据，作为行业服务信息。"他说。维基是一种协作努力，任何人都可以创建和更新列表。为启动这项工程，戈尔斯坦聘用了一名 MBA 学生来当暑期实习生，这位实习生在 8 周内就完成了初始结构与列表。尽管有许多人参与其中，但还是有些人没有更新个人或公司档案。"真奇怪，那么容易的事，怎么他们不进去更新呢？"戈尔斯坦说。

对于那些同时开博和创建维基的人，戈尔斯坦会提出怎样的忠告呢？"只要有话要说，你就能成功写博，"戈尔斯坦说，"另外，还得注意与其他博主的互动。至于维基，你得确保自己是某领域的专家，以赢得信任和威信。同时，还需要有高质量的信息来源保证维基页面的更新速度。"

论坛、聊天室、维基、列表服务器都是网民抒发心声的重要场所。人们会在哪里展开对你所在的行业、产品和服务的讨论呢？如果这个场所已经存在，那你应该监测它，并适时参与进去。假如还没有，那就应该考虑创建论坛或维基，成为你所在市场的信息中心和行业领军者。

第 8 节

病毒营销：让别人讲你的故事催发购买行动

> 病毒营销是抵达受众的最有力的方式。虽然操作起来
> 并不简单，但当手中握有爆炸性新闻线索时，通过缜密的
> 策划和能够激发受众潜在兴趣的巧妙思路，任何组织都有
> 能力在网络上一夜成名。

创 新 案 例

200 升健怡可乐同 500 颗曼妥思口香糖混在一起，
结果会怎样？

把一颗曼妥思口香糖投入一罐健怡可乐，接下来发生的可就是市
场大爆炸。说得简单点，口香糖/可乐的化学反应触发了高达 10 英
尺的喷泉。这一现象的流行，源自 2006 年夏天弗里茨·格罗比和斯
蒂芬·沃尔兹的一次实验，他们把整个实验过程拍成视频，并上传到
他们自己的 eepybird 网站上。在小试身手后，他俩作了一次极端试验，
回答了下面这个问题："如果把 200 升健怡可乐同 500 颗曼妥思口香
糖混在一起，结果会怎样？"那简直是发疯，网络观众像被施了催眠术，
这是个典型的病毒式现象。此后 3 周，有 400 万网民观看了视频，几
百位博主写博客讨论这个视频。连主流媒体也参与其中，格罗比和沃
尔兹现身《与戴维·莱特曼相伴午夜》和《今日秀》节目中。

当人们疯狂观看这个视频时，想象一下曼妥思市场营销办公室里欣喜若狂的场景吧。曼妥思分文未花就获得了几百万次的曝光率。按照传统营销价格来计算，达到这种效果可能需要花费几亿美元，至少也要几千万。

新式口香糖爆炸营销

对营销人员来说，**网络的魅力在于：你可以靠某种理念，不花一分一毫就创立品牌，为公司赢得声誉和财富**。病毒营销、蜂鸣营销或博客营销，不管你给它安个什么名号，它的本质就在于——让别人替你讲故事，继而催发受众的购买行动。许多病毒式现象起初都是无心之举。有人构思出某种东西，比如有趣的视频、卡通画或故事来逗乐朋友。一个人看了以后觉得很有意思，就把它发送给另外一个人，这个人又转发给其他人……也许创造者最初只想给几十位朋友看看而已。我记得的第一个类似的例子是 20 世纪 90 年代中期的"小宝贝跳舞"（dancing baby）视频。它很简单，没什么技术含量。但它很有意思，人们疯狂地转发这个视频。"小宝贝跳舞"触动了广大网民的笑点，居然赢得了几百万观众，而不仅仅是几十个朋友和同事。

如何充分发挥"病毒"的强大作用是营销者面临的挑战。有人会说，发起病毒营销活动并不难，现在甚至出现了专门组织此类活动的代理公司。但当组织真正付诸实施后，大多数的病毒营销活动都以失败告终。更糟的是，有些公司经常虚张声势，雇佣广告软文写手大事宣传自己的产品。通过网络进行的病毒营销实际上已经成为一个夸张的集体性调查报告，其中水分太多，通常都不怎么成功，有时甚至会损害组织的名誉。公司往往以比赛或竞赛为噱头，而受众觉得这只不过是强迫性的广告。我认为，任何一个网络营销项目都无法确保能得到病毒营销的效果。运气和时机也很重要。矫揉造作的宣传活动根本没用，反倒是平民化的广告反响会比较强烈。比方说，几年前十分流行的视频"你拿我没办法"（Numa Numa Dance）就很平民化，就是一个草根网民靠网络摄像头制作而成的。这个简单的小视频使视频的背景音乐红到不行，网民纷纷下载。

当然，这个疯狂的舞蹈本身是无法产生病毒营销效果的。**病毒营销的公式，就是某些有创意的、有趣的、疯狂的、涉及名人的免费网络内容（包括视频、博客和电子书），加上热情的网民以及方便分享的网络链接。**许多组织计划通过病毒营销活动来宣传自己的产品或服务，但有些公司（如同曼妥思和健怡可乐）并没有启动类似项目，是网上视频起到了类似病毒营销的效果。要注意，这种现象对你或你的产品产生的影响也许是正面的，也有可能是负面的。这就需要你在网络上监控有关自己组织和品牌的内容，高度重视网民的言论。如果某个具有积极意义的病毒在网上爆炸，虽然这不是你主动组织的营销活动，但你也可以趁机造势，千万不能忽视来自草根网民的力量！

监测博客圈，让"病毒"泛滥吧

每天，博主、播主、视频博主都在网上对各种产品和服务品头论足。可悲的是，大多数公司根本就不了解博客世界。至少，当自己的品牌名称或公司的重要人物出现在博客圈中时，专业营销人士应该马上有所反应（这里可以参考第 4 节中提到的博客监测）。除了监测，分析也很关键。当博客圈谈及你的组织、产品和行业时，你应该注意他们用词和短语的流行趋势。在健怡可乐和曼妥思实验视频在网上呈病毒扩散式地疯狂传播当日，有许多博主都在博文中提到了曼妥思。你可以通过这些博文追踪"曼妥思"这个关键词，了解相关情况，这样你就可以从容应对危机或推动其发展。至少，你应该了解为什么博客圈都在谈论这个话题，并将情况提交给公司领导，引起他们的足够重视。这样，在面对《华尔街日报》记者的提问时也能轻松自如地应对。

Alexa 网站（一家全球领先的提供网站访问数据分析的网站）的统计数据表示，病毒传播式视频网站 eepybird 与曼妥思官网的访问量和访问源存在巨大差别。营销人员借助 Alexa 来分析人气旺的网站的运营情况，以此改善自己的网站。每三个月公布一次的网站综合排名显示，在口香糖 / 可乐实验视频播放后，曼妥思官站浏览量为 282 677 人次，eepybird 为 8 877 人次。

"'曼妥思喷泉效应'每几年就会爆发一次，"曼妥思制造商——不凡帝范梅勒糖果（美国）有限公司（Perfetti Van Melle USA）营销副总裁皮特·希利说，"全民视频时代已经到来。我们同 eepybird 两位创始人接触，表示我们很欣赏以这种方式来宣传曼妥思品牌。我们最近就品牌个性化问题开了个会，如果把我们的品牌比喻成一个人的话，那他就是亚当·桑德勒（Adam Sandler，美国著名笑星。——译者注），既古怪又搞笑。eepybird 的那个实验刚好展示了曼妥思的这种特质，我们很开心。"

希利抓住这个机遇，借这个视频引发的狂热效应乘胜追击。首先，他在曼妥思官网里做了与实验视频的链接。然后，他向格罗比和沃尔兹提供来自公司的支持。"当他们出现在《与戴维·莱特曼相伴午夜》和《今日秀》节目中时，我们的工作人员在街上向人们派发我们公司的经典产品 Mentos ride 的试用装。"不久之后，公司还专设了一个网站，让网民进行曼妥思喷泉视频竞赛。曼妥思提供的最高奖励为 1 000 次 iTunes 下载费用和一年 320 卷曼妥思口香糖。希利介绍说有 100 多个视频被上传到网站,点击数将近 100 万次。除此之外值得一提的是，把 iTunes 下载作为奖励真是个明智的选择。曼妥思公司的工作人员认为，那些乐意参加视频竞赛的网民应该更喜欢免费的网络下载机会，而不是什么购物券或不相关的旅行等传统奖励。此举进一步扩大了喷泉实验视频带来的病毒传播效果。

"对品牌持有者来说，扩大品牌影响力和提高品牌知名度既是机会又是挑战，"希利说，"我们都知道，品牌形象是由终端用户——消费者决定的。现在出现了前所未有的反馈回路。互联网就像是居民互相交流、讨论的城镇中心广场。任何想营销品牌的公司，首先要做的就是向消费者真诚地说明自己产品的特点、功能和个性。假如我们对曼妥思品牌进行虚假包装，那必然会一败涂地。"

有意思的是，当希利全力支持并帮助进一步推动喷泉实验视频的病毒传播效果时，可口可乐公司的营销人员反而刻意让健怡可乐品牌同这种现象保持一定的距离。"当曼妥思和健怡可乐的喷泉实验视频在网上越来越火时，可口可乐的营销人员并不怎么激动，因为他们认为 eepybird 网站同健怡可乐的品牌形象并不合拍。这也成为博主纷纷议论的热门议题。"希利说道，"我们不只是将自己看做糖果制造商，还把自己视为快乐制造者，我们很乐意通过网络与消费者们分享和曼妥思有关的趣事。"

希利出手不凡，他不像一般的营销人员那样扮演公司奶妈的角色，而是抓住机遇，通过蜂鸣营销扩大曼妥思的品牌影响力。大公司的营销和公关人员根本就不重视博客、YouTube 和聊天室的强大影响力。更糟糕的是，他们经常试图通过不正当手段控制舆论。

病毒营销：有乐趣，更有利润

虽然进行病毒营销的难度比较大，但只要努力就能获得不错的效果。很大程度上，创建病毒营销项目与风险投资者投资新兴公司和电影公司拍电影有很多相同之处。风险投资的特点是：大多数投资项目都无功而返，少数项目效益还不错，20 家企业中只要有 1 家能发展成大企业，就会给投资者带来巨额回报。唱片公司和电影公司的情况也是这样，大部分作品销售成绩平平，但只要有一个畅销作品就足以回收所有成本，甚至大赚一笔。难就难在没人敢肯定哪部电影或哪家风险投资公司会成功，所以只好在各个领域都尝试一下。病毒营销也是如此。**你应当不断进行各种类型的宣传活动，然后主攻反响比较好的那一个。**

创新案例

圣母玛利亚的芝士三明治

黄金宫就是个很好的例子，这个互联网赌场通过病毒营销，几乎把 eBay 那里的古怪小商品全部买下，再出售。这些商品包括皮特·罗斯的软木棒球棍，威廉·夏特纳 (William Shatner，美国老牌演员，在电视剧《星际迷航记》中扮演船长。他以 2.5 万美元的价格把自己的肾结石卖给黄金宫，并将所得款项捐给人类栖所慈善会〔Habitat for Humanity〕，用于为贫困者修建房屋。——译者注) 的肾结石，还有著名的圣母玛利亚的芝士三明治（由一名美国妇女保存10年之久，隐现圣母玛利亚外貌的芝士三明治。——译者注）。该网站还模仿eBay，出售古怪的广告位，像女人的乳沟、额头，或轮椅背后。这些都为黄金宫赢得了引人注目的病毒营销效果。例如，当夏特纳的肾结石被黄金宫抢到手后，电视台、报纸和网络卖场纷纷报道这桩买卖，大标题是："夏特纳把肾结石卖给了黄金宫。"记者和博主对此乐此不疲。这桩只花费了2.5万美元的交易，实际上是21世纪最成功的病毒营销和平价广告案例。那夏特纳有什么好处呢？伴随着这波网络热潮，他的名字出现在各种媒体的报道中，大大地提高了自己的知名度。

黄金宫网站负责在eBay竞标的专业买手很清楚：并不是所有古怪的竞购行动都能赢得博主和媒体的青睐。但20个里至少有1个能掀起网络热潮，成为成功的病毒营销案例。

爆炸性新闻：病毒营销的好时机

虽然进行病毒营销困难重重，但每个组织都具有进行病毒营销潜力的爆炸性新闻，这些新闻对目标受众来有很大价值。比如，某位备受关注的CEO跳槽、公司合并或并购、名人代言等，都会在博客圈引起一阵轰动。营销人员应该抓住时机，通过病毒营销，达到最好的宣传效果。（当然负面消息也会病毒传播，你得努力弱化由此带来的负面影响。但在本章中，我们主要聚焦于能直达受众的正面爆炸性新闻。）为了达到最好的营销效果，你必须制订计划和详细的时间表，确定在何时何地通过何种方法，将新闻送达受众。

2006年7月初，IT业研究和咨询公司Outsell Inc.完成了一份当时尚未公布的报告，题为《因欺诈点击造成的广告损失高达13亿美元，"不问不说"时代已经终结》，这是在网络广告欺诈点击领域的首次数据调查。该报告对407家广告商作了研究，涉及的广告额高达10亿美元，曝光的爆炸性新闻直接威胁到以谷歌为首的搜索引擎的核心业务模式。Outsell公司的分析师揭穿了网络广告商的欺诈行为，这些付费广告被伪装成搜索结果的一部分，而公司需要为每一次点击付费。分析师们知道，这次的爆炸性新闻极具病毒营销的潜力。

"最初，我们只是在给客户的业务通讯中稍稍提到了这个情况，"报告作者、Outsell 公司副总裁兼首席分析师查克·理查德说，"一直以来，我们都先把调查报告给客户看，然后再在媒体上发表。这次情况有点不同，公司内部人员和我们的公关公司华纳传播公司沟通后，认为这份报告非同寻常，想先向媒体披露。"Outsell 公司这次遇到了一个问题，按惯例要在独立日假日周末后才能向客户发布这份报告。但公关公司坚持要在第一时间外发媒体通讯稿，主要内容是："经 Outsell 公司调查，全球因欺诈点击造成的广告损失高达 13 亿美元，直接威胁到谷歌和其他公司的业务模式；研究表明，27%的广告用户因点击欺诈减少或停止进行点击支付广告。"虽然华纳传播第一时间就将内幕消息披露给媒体，但限制媒体不得先于 7 月 5 日周三对外披露这则重磅新闻。《旧金山纪事报》的维恩·科比托夫在周末仔细研究了 Outsell 指出的问题，还对理查德进行了访谈，采访了搜索引擎发言人。他于 2006 年 7 月 5 日周三一早首家披露了这条爆炸性新闻："研究发现点击欺诈不容小觑；许多广告客户开始削减在线广告数量。"

"在短短一周的时间内，众多博主纷纷写博讨论这条新闻。"理查德说。不到 5 天时间就有 100 多位博主撰文讨论此事，其中包括许多热门博客，如约翰·巴特利的"搜索博客"，杰夫·贾维斯的"蜂鸣机器"和"点击 Z 新闻博客"，丹尼·沙利文的"搜索引擎观察"和"付费内容博客"。此事一经发布，理查德就开始接受了主流媒体轰炸式访谈，消息披露后一周之内的媒体曝光率就达到将近 100 次。包括美国国家公共电台、微软全国有线广播电视公司、《巴伦金融周刊》、《金融时报》、《广告时代》、《电子周刊》、《波士顿环球报》、《洛杉矶时报》、ABC 新闻在线、至顶网、《商业周刊》在线、财经网站在内的各大媒体以在线、纸媒和广播的形式强势报道这条新闻。

此后数周，针对谷歌在阿肯色州因点击欺诈而受到的集体诉讼一事，已经被视做点击欺诈领域专家的理查德收到了许多媒体的采访请求。此后一周内，谷歌宣布它将提供截取的欺诈点击统计数据，这也是 Outsell 公司研究结果所带来的关键变化之一。许多媒体纷纷对此展开跟踪报道。理查德认为，这次事件所产生的蜂鸣效应迫使付费搜索行业承担起这样一种责任：要对点击欺诈进行追踪、审查和核证。"这对用户、出版商和广告公司来说是好消息。"理查德说。

"对像 Outsell 这样的小公司来说，能获得这样的曝光度真的是出乎意料，"理查德说，"几年前根本就不可能出现这样的情况。这次事件让我们公司名声大噪，许多客户同我们联系，表示祝贺，告诉我们他们希望能在媒体上看到更多关于我们公司的消息。我本人也被记者看做该领域里的第一手资料提供者，他们经常让我写相关评论。"情况的确如此。在 2006 年 10 月 2 日的《商业周刊》封面文章上赫然印着："点击欺诈：在线广告的黑暗面。"文章引用了 Outsell 的报告内容。

理查德也意识到，一条重大新闻条目或一份报告能影响一家公司甚至整个行业。"这提醒我们要认识到自己的责任，"他说，"如果这能影响到公司的股价、业绩或投资者的回报要求，那我们更该坚持自己的观点。"

Outsell 公司的例子清楚地说明，如果能以恰当的方式将新闻送达目标市场，就能达到病毒营销的效果。**精心培养自身与新闻圈的关系，摸透传统媒体和博主在营销体系中起的作用，就能把故事讲得更好，直达更多受众。**

病毒营销（让别人传述你的故事）是抵达受众的最有力的方式。虽然操作起来并不简单，但当手中握有爆炸性新闻线索时，通过缜密的策划和能够激发受众潜在兴趣的巧妙思路，任何组织都有能力在网络上一夜成名。

第9节

内容制胜：整合多元化的网络营销手段

> 优秀的网站通过内容把买家、市场、媒体和产品聚合
> 到一起。内容不仅是国王，更是总统，是教皇。内容丰富
> 的网站能够彰显自身组织的个性，给人轻松愉悦的感觉。
> 最重要的是：抵达每位买家。

读到这儿，你或许会认为：创新的营销人员用以接触买家的各种媒体——博客、播客和在线新闻发布等，都是独立的媒介。虽然如此（博客并不需要与公司网站链接），但大多数组织都努力整合多元化的网络营销手段。**每种媒介都与其他的媒介有着或多或少的关联：播客和博客可以共同发挥作用；在线新闻发布项目与网站以及在线媒体室展开合作；跨国公司的官网整合了来自不同部门或国家的多个子网站。关键在于：能聚合所有资源的地方就是内容丰富的网站。**

建过网站的人都有体会，除了内容之外，要考虑的因素还有很多。对一个好网站来说，设计、色彩、导航和技术都是至关重要的因素。令人惋惜的是，许多组织只关注这些因素，却忽略了最重要的"内容"。原因何在？我个人认为：关注网站设计或技术比做好网站内容简单得多。此外，帮助完善网站内容的相关资料也很少。瞧，这就是我写本书的原因！

通常情况下，只有网站管理员才有权限改动网站内容。很多时候，"技术之王"网站管理员把他们所有的注意力放在冷冰冰的插件、超文本标记语言、扩展标记语言（XML）、服务器技术和互联网服务供应商上。那网站内

101

容怎么办？有时，相关负责人只重视网站的美观程度，请来设计师和广告人士，根本不顾内容。广告公司十分钟情于像 Flash 这样的热门技术。有太多的站主只关注技术和设计，全然忘记了丰富的内容才是网站最核心的灵魂。

优秀的网站通过内容把买家、市场、媒体和产品聚合到一起。内容不仅是国王，更是总统，是教皇。越优秀的网站，就能越出色地整合播客、博客、在线新闻发布等网络媒介。通过聚合和有趣的方式，内容丰富的网站能够彰显自身组织的个性，给人轻松愉悦的感觉。最重要的是：抵达每位买家。

在线政治宣传

自然资源保护委员会是美国最有影响力的环境行动组织。据其网站披露，该组织在发挥法律、科学、120 万名成员和网络活动家的影响力，来保护这个星球上的野生动植物和尚未开发的自然地区，保证所有生物都有安全和健康的生存环境。该组织的独特之处就在于其丰富的网站内容。网站营销人员通过各种媒体渠道为网络活动家和政论性博主提供发言空间。美国著名理财杂志《沃斯》(Worth)，将自然资源保护委员会评为美国慈善团体百强之一。该协会成功的关键就在于：协会营销人员深谙网络营销之道，他们清楚 100 多万名成员是最好的营销资源。该协会丰富的网站内容吸引越来越多的人加入这个团队，让会员有充分的网络发言权，这极大地增强了该网站的信息传递能力，提高了知名度，壮大了队伍。

该网站包括环境新闻、自然资源和诸如"清洁空气与能源"、"清洁饮用水与海洋"、"野生动植物与鱼"、"公园、森林与湿地"等主题信息。此外还包括在线出版物、法律法规链接和环境术语一览表。自然资源保护协会借助音频、视频和文本等媒介传递组织信息，同时鼓励人们投入自己的时间和金钱来支持环保事业。

该网站上有可供博主使用的插件（一种常见于网站和博客的小应用程序）和链接来传播信息。被广泛使用的插件就是社交书签工具，方便用户添加标签到 del.icio.us 和 Digg 上（使网站用户更便捷地获取协会发布的信息）。网站也为独立博主和网站主提供网络徽章（与横幅广告类似的图像），便于他们添加到各自博客和网站上，再链接回协会网站以示支持。例如，关注全球变暖和石油依赖问题的会员，可以在其博客或网站上添加生物燃料网络徽章 2，该徽章会链接到自然资源保护协会网站有关生物燃料的内容上。小的网络徽章看起来像 RSS 回送标志，大的就像横幅广告。自然资源保护协会还创建了 Squidoo 页面（Squidoo 可以为用户创建多个自定义页面，我们可以在这些被称为 Lens 的页面上方便地插入不同的模块和内容，包括页面简介、文本、链接、RSS、Technorati Tags 和 Flickr 图片等），如"了解全球变暖（由自然资源保护协会专家提供）"，并鼓励会员也使用这项 Web2.0 新工具。

"我最初在美国国家公共电台从事媒体公关工作，后来才跳槽到自然资源保护协会，"协会公关部副主管丹尼尔·海纳费尔德说，"我在洛杉矶办公，所以在娱乐圈有些人脉，这为网站多媒体传播渠道的建立提供了不少方便。我们有个叫《致命声波》的视频节目，由著名电影演员皮尔斯·布鲁斯南（Pierce Brosnan）主持。这是我在多媒体传播方面的首次尝试。"该视频以近年声呐导致鲸鱼搁浅的系列事件为主题，赢得了很高的点击率。为鼓励人们采取行动，视频的登录页上有多功能插件和工具条。这样一来，浏览者能方便地向官员反映情况、捐钱给环保事业或发网络明信片给朋友。对补充内容的链接，除此之外，该视频还链接到该协会诸如题为《海军被控告以中频声呐伤害鲸鱼》的在线新闻发布稿，以及题为《深海之声 2》的详细报告。所有这些被整合的多元化内容，方便了人们通过网站或博客来查看并同朋友分享信息，这也极大地巩固和发展了自然资源保护协会在行业内的领先地位。该协会的网络专家仍在不断探索新方法来传递其重要信息。

"我们的播客频道有着高质量的节目和典型的新闻化风格，"海纳费尔德说，"我们的营销目的不只是接触媒体，更重要的是直达客户。"海纳费尔德在为协会制作播客时，广泛借鉴了他在公共电台时的经验。"我尽力融合各方意见，而不仅仅站在自己的立场上说话，"他说，"这能使我们的网站更有吸引力，也巩固了我们的地位。例如，我们在采访内部员工时总会提一些有挑战性的问题，而不像一般的记者那样只问些无关痛痒的问题。这使我们的节目更有公信力。观众想看的可不是你的公关成果，而是真相。"

　　海纳费尔德说多媒体传播的效果很不错，它使自然资源保护协会有更多机会接近年轻受众。"大批的听众，都是在上下班的路上聆听我们的播客节目，"他说，"我们通过高质量的节目内容来强化同听众的联系。我们许多年轻员工都有 MySpace，他们经常在自己的 MySpace 来发布协会的重要消息。这也是我们的特色之一。"

　　作为环保媒体，自然资源保护协会在美国国会也颇负盛名。网站内容、音频、视频和其他媒介为博主提供了大量信息（可引起病毒传播效果），同时也使组织更加亲民，尤其对网络活动家和年轻的 MySpace 一代。自然资源保护协会的员工积极参与网络营销，为自己的网站和博客赢得了大量浏览者。这使它能够有的放矢地向目标受众传递信息，也获得了更高的公信力。

内容：网站成功的关键

　　自然资源保护协会官网是直达买家的成功案例。对它而言，"买家"是100 多万名会员、环保拥护者和网络活动家，他们将网站作为一项有力的工具来保护野生动植物、尚未开发的自然地区并维持健康的环境。

　　可惜大部分网站都偏离了轨道。没错，网站外观和导航确实重要：恰当的色彩、标识、字体和设计使网站看起来很有吸引力。像内容管理系统这类的网络技术能保证网站内容的更新速度。**但最关键的还是内容、内容组织的方式以及怎样通过内容催生买家采取购买行动**。

　　在成功的营销与公关策略中，内容才是唯一重要的因素。也许广告公司热衷于时髦而花哨的设计，IT 部门过于迷恋网络技术，作出改变确实不易。但你应该像出版人那样思考，无论是新创立网站还是重新设计网站，都应该实施"内容策略法"。

整合内容才是王道

谈到如何通过网站整合网络营销与公关策略时，你也许会想："这对小公司或是只销售一种产品的公司来说没什么难的，可我是在拥有众多品牌的大公司里打工啊。"的确，做好大公司的协调工作不容易，品牌众多，子公司分布广，语言障碍等都是要考虑的因素。**对大组织而言，整合网站内容更是重中之重，统一的品牌形象带来的是丰厚的收益。**

"关键在于不同部门之间的通力合作，"美国达信公司（Textron Inc.）营销与网站交流部总监萨拉·F. 加纳森说，"在达信，每个部门都有独立运行的网站，这增加了协调工作的难度。这样一来，公司旗下品牌的知名度比总公司品牌的更高。"

达信公司是全球著名的跨国集团，年收益高达 100 亿美元，在 33 个国家拥有 3.7 万名员工。旗下品牌如贝尔直升机、赛斯纳飞机、E-Z-GO 高尔夫车等都如雷贯耳。该公司有几十个网站，包括贝尔直升机那样的独立品牌网站。"借助搜索记录功能，我们发现许多人通过达信的官网来搜索旗下独立品牌的产品和业务信息，"加纳森说，"这为我们敲响了警钟，我们原以为人们会去独立品牌各自的网站搜索信息。在这种情况下，我们立即创立了总公司网站，囊括了旗下每个品牌的信息。"最近浏览新网站时，我看到赛纳斯飞机公司 CEO 杰克·佩尔顿的视频专访，看到大量产品的照片，还读了员工的专访，如莱卡明(Lycoming's Thunderbolt Engine)公司的项目经理约翰·德拉马斯特在访问中谈论自己工作中的成就和快乐。达信公司有运营良好的网络媒体室。由于公司股票在纽约证券交易所上市交易，网站上还设有投资公关频道。

"各个部门通力合作，在网站上发布新鲜有趣的内容，以周为周期保证更新速度，"加纳森说，"其实，网站内容本身和内容的整合方式同样重要。许多大公司都低估了整合过程中会遇到的困难。这需要各部门之间的协调和统一管理。比如，只有得到人力资源部门的帮助，网站上的招聘信息才能有吸引力。人们常常以为有个网站管理员就足够了。实际上'一个管理员加一台服务器'的时代已经终结了。"

加纳森有一整套规范化的程序和步骤，以确保达信网站能满足买家的需求，网站运营情况良好。她组建起一个小团队与管理部门和旗下产品网站的工作人员进行沟通。"我们有一套管理程序，以保证发布内容的时效性和合法性，"她说，"最重要的是要确保获得客户的及时反馈，并利用各种媒体同他们建立联系。哪怕他们不立刻就买我们的产品，也许他们会对公司股票或赛斯纳飞机感兴趣。"为确信网站能获得最好的运营效果，加纳森还建立起实用性测试和研究实验室，进行每年一度的调研。"每年我们都对网站进行核查，以保证所有网站都符合标准，"她说，"而且，每年我们都召开一次网络峰会，把全公司从事网站工作的人员聚在一起，这些员工平时都在不同的部门工作，这是他们进行沟通的好机会。"

做好网站：既是科学，更是艺术

过去几年，我浏览过许多网站，越发觉得要做好一家网站的确不容易。我把自己想象为网站站长，希望网站运营良好、点击率高。这种感觉很重要也很微妙。我深信，网站运营成功的关键是要了解买家（或是捐赠、订购、参与、投票的人等）的需求，为他们打造有针对性的内容。在第13节里，我将同你分享创立和推广网站的理念和例子。

好网站蕴含了创建者的热情，能彰显出该网站的特质。当你想通过网站内容来实现组织目标时，不要忘记：**成功的经营方法不但是一种科学，更是一种艺术。**你提供的内容须品质高并要体现出自身特质。运营良好的网站如同优秀电视节目或电影，是内容与传播的有效结合。但在网站建设上，不少公司把大量的时间和金钱花在设计和传播方面，而忽略了网站的灵魂：内容本身。

内容、设计和技术的恰当结合需要很高的艺术性。彰显特质、增强公信力和抵达特定买家更是挑战。但不要气馁，在创立网站的方式这个问题上，并没有绝对的对与错，因为每个组织都有其独特的内容和视角。

　　花点时间思考自己应该把上述理论应用到自身网站建设的实践中去。本书第三章将着重讲述如何利用网络内容，制订全面的营销与公关计划直达买家。下面的章节将在如何开发思想领导力和训练写作技巧方面给出建议。最后，我还会具体讲述如何推进新闻发布项目、建立网络媒体室、创立自己的博客和播客，以及与社交网站合作。我被那些成功运用网络新理念的创新营销者深深折服，并且不断进行这方面的案例研究。希望下面给出的例子能带给你启发。

第三章

运用新规则玩转网络风潮

如何动手写博客、研究买家角色、写新的新闻稿，
以此为拟订营销与公关计划热身，
并在计划的指引下打造出内容丰富的网站？
把销售的门口直接开到买家跟前，
你作好准备了吗？

第 10 节

百分百关注买家

> 要想在网络风潮中赢得成功，你必须先确立组织目标，并百分百关注买家。只有充分了解买家的需求，你才能创建高效的网络内容直达买家。

你们公司销售的产品口碑好吗？你所在的组织（教堂、非营利组织、咨询公司、学校）是否在提供优质的服务？且慢！产品并不是营销的全部！在拟订营销与公关计划时，最重要的并不是产品和服务，而是买家（或那些捐赠、认购、参与或申请的人）。对很多人来说，全力以赴关注买家是很大的挑战，但真正做到这一点，你就能更接近目标和成功。

以星巴克为例。它的产品怎么样？在我看来，花 3 美元在星巴克买的咖啡味道很不错。如果有机会在星巴克营销部工作，绝大多数人都会把注意力放在咖啡这个产品上。请仔细思考星巴克的优势到底在哪？其实，星巴克的优势就在于它是人们休闲的好去处。人们在星巴克会面（我自己就经常在星巴克与客户会面或接受访谈）；使用免费无线上网功能。在星巴克，你不必磨咖啡豆、煮咖啡、等待煮沸，然后清洗饮具，这至少为你节约了 10 分钟。对有些人来说，到星巴克坐坐是身份和财富的象征。我敢说，星巴克能满足上述全部要求。星巴克对诸多顾客角色都有吸引力，它经营的不仅仅是咖啡。要是让你经营星巴克，你得细分顾客，满足他们的需求，而不仅仅是推销产品。

要转变营销思路确实不易，一直以来，我们都认为产品和服务才是重中之重。目前，标准的营销教育仍然主张 4P（产品〔product)、价格〔price]、渠道〔place]、促销〔promotion]）策略，这根本就毫无意义。**要想在网络风潮中赢得成功，你必须先确立组织目标，并百分百关注买家。只有充分了解买家的需求，你才能创建高效的网络内容直达买家。**很多营销者都不同意我的这一观点，但我坚持认为：想要玩转网络风潮，买家需求是第一位的，而产品和服务是第二位的。

在读本节前，我希望你能转变思路，制订遵循新规则的营销与公关计划。在此过程中，最重要的是确立组织目标，关注买家需求。你将迎来一个全新的营销与公关时代。

> **Point**
>
> 想要玩转网络风潮，买家需求是第一位的，而产品和服务是第二位的。

确立组织目标

营销与公关人士在确立本部门目标时，发现很难与公司其他部门保持同步，这引起了管理混乱。看看大多数营销人员是怎样确定目标的。他们列出一份宏大的清单：展销会、黄页广告、新标识、剪报、广告 T 恤、提高网站流量、拓展营销渠道。注意！这根本不是你公司的目标！"渠道"、"剪报"、"T 恤"之类的词从来都不会出现在工作使命或资产负债表中。过去，营销部门只看重一时的宣传效果，根本就没有长远计划。难怪营销部在某些组织里被称为"品牌警察"，营销人员的业绩却糟糕透顶。

许多营销和公关人士根本就不知道如何正确地衡量成功。我常听到这样的话："我们希望公司网站的月流量能达到 1 万"，"我们希望公司每个月在专业出版物上的曝光率达到 10 次，在 3 份全国性杂志上有深度报道"。除非你的网站通过广告点击赚钱，否则过分关注网站流量没有太大的意义。同理，剪报也不是衡量营销与公关成果的关键。最关键的是通过满足网站访客和目标受众的需求，从而达到诸如增加收益、获得捐赠和发展新会员等组织目标。

回想一下 7 岁孩童踢足球的情形。足球场上的这群小家伙，不顾一切地追着足球，根本就不管边线上大喊"传球！""射门！"的教练的指导。其实，教练和家长都心知肚明，小家伙们根本就不听，他们的目标是足球（错误的目标），而不是球门。

营销和公关人士也犯了同样的错误。我们在清单上列的都是足球而不是球门。更糟糕的是教练（公司管理层）实际上也鼓励我们关注足球（销售渠道、剪报数量、网站流量统计），而不是组织真正的目标。副总裁和 CEO 们根据销售渠道的数量和媒体曝光率来衡量公关部门的工作业绩，与我们签约的广告和公关公司也使用了错误的衡量方法。

我们需要使营销与公关目标同公司总目标协同一致。对大多数公司来说，最重要的目标是赢利增长。在新兴公司和以新兴技术立身的公司里，目标是吸引新客户；而在成熟行业里，管理层关心的是留住既有客户。非营利组织的目标是筹到更多的款项；政治家的目标是赢得更多的选票；摇滚乐队的目标是作品热卖；大学的目标是提高申请学生数量。

所以，首要之举是与组织的领导一同确定经营目标，并制订具体详细的实施计划。你的重点目标可能是"欧洲地区的销售额增加 20%"、"4 季度每个月的新入会员数量达到 100 名"、"下季度网上捐赠额达到 100 万美元"、"来年安排 5 场付费演讲"。

根据经营目标制订合理的营销与公关计划之后，你需要充分了解买家的情况，细分买家市场，通过网络发布内容直达买家。

组织目标与买家角色

某些组织的网络营销和公关之所以业绩斐然，是因为他们成功地瞄准了细分受众。因此，你应该把分清买家角色列入议程。所谓买家角色（我在第 3 节曾提到过），从本质上说是一类买家的代表，他们对你的组织或产品有兴趣，或是你提供的产品或服务能帮助他们解决困难。制订营销与公关计划时，确立买家角色是最重要的第一步。回想一下 2004 年的总统大选。两大竞选人公关团队，把买家（选民）细分成几十个清晰的买家角色。部分买家角色（在政治世界里被称为"微目标"）的媒体曝光率很高，而其他角色标签只在竞选人团队内部使用。2004 年总统大选中著名的买家角色包括"纳斯卡爸爸"（NASCAR Dads，特指生活在乡村地区的男性工薪阶层，绝大多数都是纳斯卡赛车迷）和"安全妈妈"（Security Moms，担忧恐怖主义和安全问题的妈妈）。把几百万选民细分成不同的买家角色后，竞选人团队展开有的放矢的营销活动和公关项目。把这种竞选策略与一成不变的统一策略相比，我们会发现：再完善的营销与公关计划也不可能满足所有人的需求，因此瞄准目标受众是重中之重。

你需要细分买家角色，以便开发能成功抵达每类买家的营销项目。我们再回看第 3 节中提到的大学例子并予以扩展。我们把大学网站所对应的买家角色分为 5 类：年轻校友（过去 10~15 年的毕业生）、老校友、准备申请大学的高中生、学生家长和现有客户（在校学生）。也就是说，一个运营情况良好的大学网站能瞄准 5 类完全不同的买家角色。

或许，一所大学下一学年的营销与公关目标是：录取 500 名计划外优秀学生或者收到过去从未捐过款的校友的捐助。瞧! 这才是营销人员应该确立的营销目标。

买家角色档案

确立目标后，大学营销部的工作人员应该建立买家角色档案，特别是每一个目标群体的人物档案。大学可以为准备申请大学的高中生设立一个买家角色，再为这些高中生的父母（参与决策过程并为学费埋单）设立一个买家角色。另外，还要注意一些特殊类型（如学生运动员）的买家角色。为有效地吸收更多的校友捐款，学校还应该为年轻校友（过去 10 年内毕业）设立买家角色。

我们应当全面深入地了解每个买家角色的情况：他们的目标和需求是什

么？他们亟待解决的问题在哪里？他们信赖的媒体有哪些？我们怎样才能与他们建立联系？总而言之，我们需要详细了解构成买家角色特质的关键因素。买家的常用词和短语有哪些？他们喜欢怎样的产品形象和媒体？简短有力、用词新颖的广告文案是不是更受欢迎？我建议你将这些对买家角色的理解都写下来。你还应该阅读买家经常浏览的书刊杂志和网站，透析买家的思维方式。举例来说，大学的营销人士应该阅读以刊登美国大学排行榜而闻名的《美国新闻与世界报道》，以及高中生阅读的升学指南，如《入学倒计时：高中生必做的 21 件事，优秀高中生学养手册》(*21 To-Do Lists for High School: Step-By-Step Strategies for 9th,10th,11th,and 12th Graders*) 和《终极升学手册：我的大学梦》(*The Ultimate College Acceptance System:Everything You Need to Know to Get into the Right College for You*)。**读买家角色读的东西，会让你像买家那样思考**。对买家角色作些基本性研究，你会了解到更多有用的信息，营销效果也更出众。

了解买家情况、建立买家角色档案的最佳途径就是与不同买家面谈。毫无疑问，两位总统候选人的竞选团队肯定与纳斯卡爸爸和安全妈妈们面谈过，深入了解了这两类买家角色的具体情况。同样，大学的营销人士也应该与申请入学的高中毕业生展开有针对性的对话。可以试着改变传统的问询方式，多问有建设性的问题，例如：你什么时候开始搜集高校信息的？在搜集过程中，谁对你产生了影响？你怎么知道我们学校的？你申请了几所大学？你常去哪些网站、博客或播客？一旦你获得这些第一手资料，你就应该立即去了解那些影响目标买家的媒体。比如说，你应当经常浏览像 MySpace 这类在学生中比较流行的社交网站，留意他们经常使用的网络热词。了解了所有这些信息之后，你就能轻而易举地为申请就读你们大学的高中生建立买家角色档案。

"买家角色档案就是典型客户的人物简介，这不是工作任务描述，而是人物描述。"阿德拉·雷维拉说道，她运用"买家角色"推广科技产品已有20 多年。"买家角色档案让你想买家之所想、思买家之所思，打破固有的营销误区，看清买家作购买决定的过程。买家角色档案包括典型顾客背景、日常活动、当前解决难题的对策等信息。你在市场里的经验越丰富，买家角色就变得越清晰。"

　　我建议你像两大候选人的竞选团队建立纳斯卡爸爸和安全妈妈的角色档案一样，也建立自己的目标买家角色档案。你甚至可以从杂志上剪一张目标买家的照片下来，帮你直观地认识买家形象。当然，这只应用于内部，它能帮你和同事统一并加深对目标消费群的理解。这样一来，你眼前的买家角色不再是抽象空洞的概念，而是有血有肉的真实个体。

　　例如，你的某类买家角色是正在申请大学的高中男体育生，你可以把他定名为"运动员萨姆"，并这样解读这个角色："运动员萨姆刚进高中就开始考虑申请大学的各项事宜。他的教练和父母都认为他的运动天赋能帮他进入好的大学，甚至可以得奖学金。萨姆知道自己很优秀，但离进入顶尖大学还有一段距离。于是，萨姆开始浏览各个大学的网站，特别是那些离家比较近的大学。他尽可能多地参加那些大学的运动比赛。萨姆的成绩很不错，但并不是数一数二。平日的体育训练占据了他很多学习时间。他有几个哥们儿，大伙经常在周末出去放松。但他并不是个派对狂人，不喝酒也不吸毒。萨姆经常上 MySpace 更新自己的页面，他还经常和通过 MySpace 认识的网友网络聊天。他是网络达人，对网络热词特别感兴趣。他经常读《体育画报》。虽然他还是高中新生，但他觉得是时候认真考虑申请大学了，却不知从何入手。于是，他拼命浏览各个大学的官网，尽可能多地了解申请入学信息。"

　　现在，你应该清楚买家角色档案的大体内容了。不过，你大概会问："我到底需要建立多少买家角色？"举例来说，有些组织对美国和欧洲的客户会建立不同买家角色档案；对汽车行业和政府机构的买家描述也大相径庭。记住，你建立买家角色档案的目的是制定有效的营销与公关项目来抵达每个买家角色。所以，你需要最大化地细分市场，这样目标买家在浏览你的网站内容时会说："啊，这说的就是我。这个组织可真了解我和我的困扰，它的产品肯定适合我。"

　　营销与公关专业人士对自己使用买家角色档案后的工作成果大为惊奇。"当你真正了解买家的想法和需求，一切就容易多了，"雷维拉说，"有些营销人员一边说没时间建立买家角色，一边又耗费大量时间和金钱做无用功。盲目设立的营销项目根本就不能赢得客户。在自己开口说话之前，要先学会倾听，这是简单实用的营销真理。"

买家角色：网络营销中的关键棋子

运用在线内容创建优秀的网站或开发高效的营销项目看似很难，但只要瞄准你设立的目标买家之后，一切都会豁然开朗。**可惜大多数网站内容都是大杂烩，根本就没有为不同买家量身打造的分类信息，这是大多数网站失败的原因。**

其他的网络营销项目也存在同样的弊端。基于传统新闻发布和主流媒体报道的营销项目的失误就在于：只说自己想说的，却不说买家想听的。这是失败的关键！那些成功运用"直达客户"新闻发布策略的公司，发布的是买家想知道的信息。那些完成组织目标的优秀博客，写的不是公司或产品，而是客户最最关切的问题。

你已经确定了可衡量的组织目标和希望与其建立联系的买家角色，下一步的营销与公关计划就是找出抵达买家的最佳途径，并发布吸引眼球的网络内容。在同买家进行了诸如面谈之类的交流后，你就能创建买家角色档案，凸显自己产品或服务的亮点和特色，并了解买家信赖的媒体有哪些。他们最常用的是搜索引擎吗？是的话，他们最常输入的关键词和短语是什么？他们经常造访的博客、聊天室、论坛、在线新闻网站是哪些？他们更喜欢音频还是视频？先弄清楚这些问题，你才能顺利地开展下一步工作。

想买家之所想，言买家之所言

我一再强调理解买家使用的词和短语的重要性。要想开发出有效的网络营销计划，你必须了解买家的语言方式、使用的词和短语，也就是言买家之所言。这不但能使你与买家建立良好的网络关系，更为有效的搜索引擎营销策略奠定了基础。简言之，**如果你发布的网络内容中不包含买家经常搜索的**

短语，那么，试图与买家建立联系根本就是痴心妄想。

让我们通过一个具体案例来看言买家之所言的重要性。几年前，我为投资关系公司 Shareholder.com 制定了一个能够直达买家的网络营销方案，来推销其新产品——揭发者热线。该产品是为加强约束上市公司行为的"301 条款"（被民众称为揭发者热线）的执行效果而开发的。该条款是 2002 年通过的美国萨班斯—奥克斯利法案（Sarbanes-Oxley legislation）中的一条规定，旨在防止安然丑闻重演。我们把工作重心放在与买家的接触上，如与上市公司的首席财务官们进行面谈。我们还阅读买家经常阅读的出版物，如《首席财务官》（CFO）、《经理人月刊》（Directors Monthly）和《美国公司律师联合会摘要》（ACCA Docket，ACCA 为 American Corporate Counsel Association 的缩写。——译者注）。我们下载并研读了萨班斯—奥克斯利法案文本，还研究了买家参加的与该法案有关的研讨会的相关资料。

通过对买家角色的研究，我们了解到许多买家在讨论萨班斯—奥克斯利揭发者热线规定时使用的短语，如"证管会命令"（SEC mandates）、"完整的追踪功能"（complete audit trail）、"萨班斯—奥克斯利 301 条款"（Sarbanes-Oxley rule 301）、"机密匿名呈报"（confidential and anonymous submission）和"安全可靠的员工报告"（safe and secure employee reporting），这些短语都出现在 Shareholder.com 的网站内容中。基于对买家角色的研究，我们将该网站的特色定位为"思想领导力"，招牌内容就是以"揭发者热线：不只是命令"的网络研讨会，期间邀请哈维·皮特（Harvey Pitt, 前美国证券交易委员会主席）和林恩·布鲁尔（Lynn Brewer,《虚空计划：安然执行官的自白》〔House of Cards: Confessions of Enron Executive〕作者）作嘉宾。这次网络研讨会的主题内容正是买家所关心的，嘉宾又是行业内的领军人物，所以很有号召力，与会人员多达 600 位。

"这次网络研讨会非常关键。产品刚上市时根本就没有销路，"Shareholder.com 营销与公关部经理布拉德利·H. 史密斯说，"在我们之前，就早有公司销售同类产品了，这对我们很不利。但这次网络研讨会使'哈维·皮特'和'安然'成为网络搜索热词，这令我们声名大振。在关键词搜索结果里，我们总是出现在前几位，这让我们在揭发者热线这个细分市场里成为领军品牌，要知道我们只是刚刚进入市场。除了潜力客户，媒体也开始关注我们。《华尔街日报》在显著位置刊登了一篇名为《让投诉更容易》（*Making it Easier to Complain*）的评论文章。"

紧接着，Shareholder.com 开始向加拿大市场进军。在加拿大也有类似于"301 条款"的法案《安大略省证券监察委员会与加拿大证券从业管理指导多边正式文件 52-110》（*Ontario Securities Commission and The Audit Committees Rule of the Canadian Securities Administrators Guidelines Multilateral Instrument 52-110*）。史密斯和同事与加拿大买家进行面谈，进行买家角色研究，以便了解加拿大买家的常用词和短语与美国的有什么不同。调研结果显示的确有所不同。Shareholder.com 不像那些试图进入加拿大市场，却用美国营销材料的美国公司。他们为加拿大买家专创了网站内容，这些内容中包含了大量加拿大买家关注的短语，如"管理热线"、"进行司法账户调查"和其他加拿大法律术语。

由于 Shareholder.com 的营销人员在买家角色研究上下足了工夫，网站内容采用买家使用的词和短语，所以点击量很大，常常被其他网站链接，在搜索引擎上也排在前几位。如果你在谷歌上搜索短语"揭发者热线"，有 258 000 个链接都是指向 Shareholder.com。从美加两国的网站流量和网站内容上来看，这次新产品的推出是非常成功的。"网络直播推出 4 个月后，我们签了 75 个客户，"史密斯说，"我们的网络直播项目极大地推动了公司的发展，不但提高了品牌知名度，销售额也上升了许多。"

要想了解买家常用短语，你必须沉下心来仔细研究。**最好的方法莫过于同买家进行面对面的交流，了解他们对相关市场的看法。除此之外，经常翻阅买家的常读刊物、浏览买家博客，了解买家经常参加的会议情况也是可行的方法。当你掌握了"短语策略"后，就能成功地吸引买家，并让自己的网站高居搜索排行榜前几位。**

找准组织优势，赢得买家信任

确立组织目标、设立买家档案、了解常用词和短语之后，下一步你应该做的就是找准组织优势，赢得买家信任。又回到 2004 年美国总统大选的例子。一旦竞选团队确定了"纳斯卡爸爸"和"安全妈妈"的买家角色，就必须发布一系列信息、建立网站、进行电视广告、发起直邮活动，以及确定竞选人发言内容。乔治·W. 布什在竞选连任总统时，就通过演讲和竞选广告的方式向"安全妈妈"们保证，只要他"能再次当选总统"，每个家庭都能远离恐怖主义威胁，变得更加安全，这是另外一名竞选人约翰·克里（John Kerry）所不能保证的。

你也应当尽己所能，赢得买家信任。在你的买家眼中，你的组织优势在哪？你用怎样的网络内容与买家建立联系？记住，你要传递的不仅仅是产品信息。你了解每个买家角色的真正需求吗？他们看中的是出色的客服、安全性还是品牌？沃尔沃卖的不只是车，还有安全性。

还有一点也很关键：不同的买家角色对你组织的期待也有所不同。以佳得乐运动饮料为例，几十年来，佳得乐一直是运动员喜爱的运动饮料。我在佳得乐官网上发现一些信息，如："假如你想赢，你就得补充你失去的水分"，以及"对部分运动员来说，在热身的 30 分钟内就有可能发生严重脱水"。这都是些很有用的信息，它们以参赛运动员为买家角色，突出了佳得乐是如何帮助运动员取胜的。

尽管我并非佳得乐的买家角色专家，但我觉得他们可以根据不同的运动项目，以及专业或业余运动员的不同特点来继续完善买家角色档案。比如说，网球运动员和足球运动员的买家角色档案就截然不同，男运动员和女运动员也有很大区别。

但有一种买家角色是佳得乐从未建立的。20 岁出头时，我住在纽约的一座公寓里，单身，是典型的派对动物。有的周末，我实在玩得太疯了，直到半夜两三点才跌跌撞撞返家。当时，我还得在早上 8 点钟赶到华尔街去上班。我无意间发现，在走向地铁站的路上喝一大瓶佳得乐能让我舒服很多。或许佳得乐可以建立一个名为"醉酒年轻人"的买家角色，广告语就是："昨晚第三瓶马提尼还让你头重脚轻？不只运动员才需要补充水分。佳得乐。"

发布能有效抵达买家的内容

你必须像出版人那样思考问题。调查目标买家的需求，有的放矢地拟订抵达买家的编辑计划。首先，要创立内容丰富的网站，根据不同买家角色建立不同页面。**这并不是说必须重新设计已有的网站或改变网站构架。你需要创建一些新的独立页面，每个页面是为特定买家角色发布的特定内容，再在这些页面上建立合适的链接，就大功告成了。**以大学为例，大学网站应当为"运动员萨姆"（上文提到的准备申请大学的高中体育生）创建一个专门针对体育生的网页，包括大学里体育生学习和生活的描述性信息、入学程序指导，在校体育生资料，甚至是教练博客。此外，还应当在主页和招生页面上建立合适的链接（例如"高中体育生在此开启大学之旅"或"体育生专题"）来吸引萨姆的注意力。

同时，大学网站还要为准备申请大学的高中生的父母开设专门的网页。父母和子女关注的问题截然不同，因此，给父母看的网页内容应当主要针对奖学金和校园安全等热点问题。

继续保持出版人的思维，考虑除了网页内容之外，还可以应用什么网络媒介抵达买家。网络白皮书、主题电子书、在线新闻发布、博客和播客都能吸引买家眼球。

打造针对不同买家角色的编辑计划（包括网站内容、电子书、网络白皮书、博客、播客和在线新闻发布等），以日程表的形式进行安排。无论你发布怎样的网络内容，关键点是要根据细分买家的不同需求打造有的放矢的内容。要摆脱陈旧的营销与公关模式，做行业内营销与公关变革的先行者。你制作的不是一本组织宣传手册，也不是直抒胸臆式的组织介绍，而是针对目标买家的王牌网络内容。

创新案例

线上交流：收集买家信息进行差异化营销

2006 年 2 月，发展迅猛的优酷比玩具公司和菲比公仔公司联合发布了最新的创意恐龙机器人普利奥——一只有 1 周大的侏罗纪时代的圆顶恐龙宝宝，并在 2006 年 DEMO 博览会亮相。起源于 1990 年美国的 DEMO 博览会堪称是创新者的竞技场和投资家的选秀台。2006 年，主办方从 1 500 家申请参展公司中精选了 70 家作为参展商。优酷比公司做足了准备工作，获得在 DEMO 展出的机会，但恐龙宝宝普利奥还要等 1 年才会正式进入市场。

"我们知道，要想让普利奥占领市场，公关与网络营销工作是必需的，"优酷比公司营销与营运部经理黛安娜·斯特恩说，"互联网已经成为消费者了解产品信息的主要渠道。普利奥非常特别，充满想象力，也有很强的市场吸引力。但网络营销的威力不容小觑。"

普利奥是优酷比公司设计创意类产品中的得意之作。他具有高仿真度，跟真的恐龙宝宝没什么区别。他具有视觉、声觉、触觉和学习能力，对感官刺激很敏感。每只普利奥宝宝都有自己的特性，并在成长的过程中与周边环境交互作用。他有欢喜也有悲伤，疲倦时还会睡个懒觉。普利奥在 DEMO 亮相后就引起了极大的轰动，展出视频也在网络上被疯狂转载。

"恐龙宝宝能获得这么好的营销效果，是产品、时机和媒体意愿的交互作用。"斯特恩指出。但这不过是万里长征的第一步。"接下来要做的就是确立消费者意识，"她说，"我们是家新公司，在市场上根本找不到普利奥的同类产品。但市面上一些其他产品也在运用'人工智能'、'自动'和'互动'的设计理念。消费者可能会想：普利奥有这么特别吗？我们必须找到一个有效的方法，来证明普利奥的与众不同，但能用于市场营销的预算并不多。"

为给普利奥打造高效的营销与公关计划，斯特恩首先采用基于产品发布计划的可量化营销目标。"我们计划普利奥于 2007 年 3 月上市，"她说，"虽然错过了圣诞节这个热卖档期，但有了时间保证后，我们就能做出最好的产品。我们的目标是在 2007 年 6 月底之前卖出5 万只。"

接下来，斯特恩确定了不同的买家角色。对于一只售价约在200 美元的恐龙宝宝机器人来说，确定买家角色是个巨大的挑战。"起初我们以为目标受众是 7~12 岁的孩子，"她说，"想不到有 7 000 多名成年人，通过网站预订最新版的普利奥。真是出乎意外。"

为进一步了解消费者的兴趣所在，确立正确的买家角色，制订高效的营销与公关计划，斯特恩向 1 900 位网站注册会员发放了调查表，并收到了 800 份回复（回复率高达 42%）。"我们发现，40% 的回复来自 25 岁以上的男性，他们对机器人和高科技玩具极感兴趣，"她说，"我们认定这部分消费者将是普利奥的主要购买人群。此外，我们认为这部分人可能会试图创造出类似于普利奥的机器宝宝。为此，公司专门开发了软件开发包。除此之外，40~70 岁的女性也对普利奥很感兴趣，这实在是很出人意料。她们说普利奥很棒，是她们梦寐以求的机器宝宝。看来，普利奥激发了人们的养育天性，人

Point

整个过程不仅帮助优酷比公司更好地同买家角色进行交流，而且还促成了进一步的产品开发：公司从买家那里收集信息，然后决定开发了软件开发包。

们很喜欢他。"

充分收集不同潜在买家的信息后，斯特恩便着手开发针对每个买家角色的交流与营销策略。借助网络公司 SHIFT Communications 的帮助，她拟订了有针对性的营销与公关计划，并同媒体和博主进行交流。"在女性眼里，普利奥是一只家庭宠物，"她说，"他的特点就在于可以与自己的主人产生感情交流。此外，他外形非常可爱，有对大眼睛。关键是它的肢体动作千变万化。我的宠物狗认为普利奥是只猫。她对普利奥很好奇，和他和谐共处。"

上面提到的是女性眼中的普利奥，对高科技达人们来说，普利奥的定位又有所不同。"这部分人群都是网民，很有可能成立普利奥粉丝网站，也会有很多人在博客里提到他。于是，我们格外关注这部分潜在消费者。"我们的公关团队注意到普利奥不仅出现在名为"瘾科技"的科技博客、《大众科学》(Popular Science) 和 《电脑》(PC) 杂志中，还赢得了自己的粉丝网站和博客，其中包括 "我的普利奥"、"机器人普利奥" 和 "普利奥玩具恐龙"。

在正式上市前，斯特恩和她带领的公关团队将工作重心放到年轻买家身上。"我们针对 20 多岁的目标人群，开展普利奥视频竞赛，并由恐龙宝宝迷们投票选出最佳视频。"斯特恩说。

大多数营销者只是建立一个普通的网站，完全没有考虑到不同买家角色的不同需求。由此看来，斯特恩的恐龙宝宝营销计划非常值得借鉴。在产品上市之前，普利奥就已经获得全国媒体的关注和潜在买家的追捧，甚至还发展了自己的粉丝网站。产品尚未上市就已经得到如此关注，我们都可以想象出普利奥上市后的热卖场面。斯特恩负责地说："普利奥正式上市后，我们依然要保持强势的网络营销与公关。"

执行力是成功营销的关键

我要提醒你：组织内部的守旧派肯定会极力反对新计划的推行。他们坚持进行大量的广告宣传，视旧规则为王牌宝典，认为4P策略才是营销与公关的经典之谈，推销产品本身才是最有效的方法。

事实证明，他们大错特错。

本书中几十位营销人员的成功案例充分说明旧规则已经过时。在网络时代，亿万网民都将互联网视为解疑答惑的工具。当他们寻找问题答案时，会搜索到你的组织吗？如果会，他们会找到怎样的信息？

在网络风潮中，具有出版人头脑和思维方式的营销者才是王中之王。

第 11 节

网络思想领导：用内容赢得消费者认可

> 正确运用不同形式的网络媒介，你的组织就能在行业内成为网络思想领军者，并极大地提高组织的信誉度，而不仅仅是市场收益。高效的网络内容不但让你所在的组织更具专业性，更能打造一个消费者认可的名誉品牌。

如果你从头读到现在，我希望现在你已经领会到网络内容的威力了。当然，如果你跳过前面的部分直接从这节开始阅读，也会有很大的收获。执行得力的网络营销策略能有效催生潜在消费者的购买行动。通常来说，善于运用网络营销与公关的组织都有明确的目标：提高销量、拓展销售渠道、保证基金会的捐款数额、招募更多成员等，总而言之，就是直达买家。人们常常问我："你觉得哪种网络媒介的营销效果比较好？"博客、播客、网络白皮书、电子书、电子邮件业务通讯、网络研讨会等，虽然在形式上有所不同，但正确运用这些网络媒介，打造高效的网络内容确是完全相同。

规划具有思想领导力的网络内容

什么是思想领导力（thought leadership）？你准备怎么开展工作？

首先你要跳出作为公司员工的思维局限，用买家角色的思维来思考。要明确一点：你创立的网络内容应当为买家角色解疑答惑，而不是一些糊弄客户的广告软文。假设你是汽车轮胎制造公司营销部的工作人员。与其绞尽脑汁为轮胎做广告，还不如在网上发布电子书或上传视频，展现你公司的轮胎在雪中行驶时极高的安全性能，并同汽车俱乐部和驾校的网站做好链接。或者，设想你在当地一家酒席承办公司做营销工作，公司有自己的网站。网站上有主题为"策划完美婚宴"和"打造完美 12 人聚餐"的专题网页。这些网络内容能有效地解决客户在举办宴席方面的难题。比起直接的广告和推销，这种形式的网络内容能为公司赢得更多的关注度，时机到来时，高关注度就会自然而然地转化为高收益。

马克·豪威尔是一家名为 Lifetogether 的基督教顾问公司的咨询顾问，他通过博客来传达具有思想领导力的网络信息。"我最主要的目标受众是那些在教堂或基督教组织工作的人，他们想找到更好的工作方式，"他说，"虽然我发布的网络内容看起来很功利很世俗，但对与教堂有关的组织来说确实很实用。例如，我最近写了一篇名为《领导者必读 5 本书》的博文，把更广意义上的市场营销策略与具体的教堂营销策略结合起来。"

豪威尔博客的成功之处在于：他并没有极力为自己做推销，而是为目标受众提供有用的信息。这样的操作模式提高了豪威尔的声誉，赢得了众多潜在客户。"我一直为教堂的领导人提供实用的信息。我在博客里经常提到像汤姆·彼得斯、盖伊·川崎、彼得·德鲁克等管理学大师的理论。如果教堂领导人能从中获得启发，对教堂的发展是很有帮助的，"豪威尔说，"经典又实用的管理理念有很多，我只是想通过自己的努力，尽可能多地向教堂领导人传达这些理念，让他们发掘这些理念的实用性。"

思想领导力的内容形式

下面，我将提到几种不同形式的思想领导力内容（在你的细分市场里也许还有其他形式）。在前几节，我已经涉及到许多不同的媒介，现在让我们来看看如何正确运用这些媒介帮助公司成为行业内的思想领军者。

迈克尔·A. 史特兹纳在《白皮书写作》（*Writing White Papers*）中写道："白皮书是指某一特殊情况或特殊问题的解决方案。起初，白皮书只被视做政府公文，但发展到今天，它已经成为应用广泛的工具，通常用来介绍科技发明和产品。在搜索引擎中输入'白皮书'，会出现上百万的搜索结果，大多数都与科技有关。白皮书是有力的营销工具，帮助关键决策者执行最优化的解决方案。"白皮书并不是产品宣传册，优秀的白皮书面对受众，说明问题并提出解决方案。白皮书通常可以免费下载阅读，但要先在网站注册，这样坐着就可以据此获得下载者姓名，进行详细接触。目前，提供领先的网络白皮书效果调查和渠道卖家研究的 IT 公司是科技目标公司（Tech Target）和知识风暴公司（Knowledge Storm）。

越来越多的营销人员开始将电子书作为一种创意方式，把信息传递给买家。我在前文中提到过，本书的前身就是我于 2006 年 1 月发表的电子书《公关新规则》。作为网络营销的一种方式，电子书被我定义为主要内容是针对现存市场问题提供解决方案的 PDF 格式文件。电子书比网络白皮书读来更轻松，更具吸引力。我建议电子书的版式要轻松活泼，多些图片和图标来打破文字阅读的沉闷，而不像网络白皮书那样一成不变。此外，我强烈建议，作为网络营销工具的电子书应当采取免注册即可免费下载阅读的传播模式。

电子邮件业务通讯和电子邮件一样，属于老牌的网络传播媒介。说到传递系列性的思想领导力内容，电子邮件业务通讯的传播效果非常突出。但是，大部分的电子邮件业务通讯都是类似打折促销之类的广告。最有效的电子邮件业务通讯并不是公司产品和服务的月度广告，而是致力于每月都能解决买家的困惑和问题。假设前面提到的轮胎制造商的每月通讯内容是关于安全驾驶的技巧和忠告，酒席承办公司的通讯则以聚会计划为主题，营销效果肯定比单纯的广告要好得多。

网络研讨会，包括音频、视频和图形影像（主要是 PowerPoint 幻灯片），通常为科技公司所用，作为新兴技术和科技突破的初级讨论。通常，网络研讨会的嘉宾都不是公司员工，而是赞助研讨会的专业人士。例如，我曾在主题为"出版人的搜索引擎营销：被发现也是一种艺术"网络研讨会中担任嘉宾，这次研讨会的组织者是网络传播公司 ECNext。网络研讨会通常持续30~90 分钟，有时还采取现场直播的形式（包括直播问答）；或是预先录像，再上传到网站，让人们随时观看。

维基创立的初衷就是要成为网络思想领导力内容的先锋，成为独特市场的重要参与者。维基软件公司 PBWiki 的联合创始人和营销副总裁雷米特·赛西（Ramit Sethi）认为："通过维基，你可以与目标受众建立联系。假如你所在的公司建立了自己的维基页面，这样你们的潜在客户们就可以在页面提问，其他人也可以自由添加答案，这是一个互帮互助的过程。人们往往乐于成为团体中的一员，维基为他们提供了自由讨论的空间。"赛西认为，敢于建立维基页面的公司都很有特色，公司文化也独树一帜。"乐于收集网民意见的公司都会选择建立自己的维基页面，"他说，"关键在于你打造的维基内容必须有创意和实际价值，而且操作起来不能太复杂，人们可搞不懂那么多软件的用法，只要打字就能表达自己的观点就很好。"

研究与调查报告被许多公司用于实施研究项目或调查，并免费将结果发布到网上。如果研究或调查是真实有效的，统计数据也有重要意义，而且买家对结论很感兴趣，也不失为有效的营销途径。

博客是某一博主的个人网站，他对某个主题很感兴趣，想通过写博文的方式同其他人进行探讨和交流。写博客是释放思想领导力理念和抢占市场的最简单的方式。

在某些行业，播客这种可以下载的音频节目已经成为最受欢迎的思想领导力内容。你的买家里肯定有一部分更喜欢音频而不是视频或文字，对这一部分买家来说，播客是最好的传播方式。

视频播客（vedio content, vodcast, vblog）则是目前网络上最火暴的媒介形式。组织可以定期更新上传视频，展示自身的思想领导力，而且视频这种最受欢迎的媒介形式也能将营销效果最大化。

如何打造具有思想性的网络内容

传递思想领导力的网络技术各不相同，但它们有以下值得我们关注的共同点：

◆ 不要只写关于公司和公司产品的网络内容。所谓思想领导力内容是用来为买家解疑答惑的。思想领导力内容能显示出你和组织的优秀和特别之处，吸引更多客户。这种形式的营销与公关技巧不是广告宣传册或促销广告。记住：思想领导力内容不是广告。

◆ 确定组织目标（我已在第 10 节详细讲述过）。你想增加收益、获得捐款还是促进销售？

◆ 目标确定后，再决定是提供免注册的免费内容（会有很多人看到你发布的内容，但你不知道是谁），还是附加注册要求（阅读人数不高，但能让你建立联系清单）。

◆ 像出版人那样思考，理解受众需求。分析买家角色面临的市场问题，发布吸引他们的主题内容。

◆ 为受众打造网络内容，多用例子和故事来增加趣味性。

◆ 选用抓人眼球的题目，使用小标题帮受众理清阅读思路。

◆ 全力打造网络内容，提供的网络内容要容易搜索查找，让员工和合作伙伴在邮件签名里添加这些内容的链接。

◆ 将网络内容的链接发给记者、博主和分析家，以达到病毒营销的效果。

Point

> 记住：思想领导力内容不是广告。所谓思想领导力内容是用来为买家解疑答惑的，它能显示出你和组织的优秀和特别之处，吸引更多客户。

吸收组织之外的思想领导力

有些组织吸收组织外的思想领军人物，这些人物都是买家信任和敬仰的王牌专家。这么做，可以极大地提高组织的公信力和权威度。你可以邀请本行业的思想领军者为你写博客、制作网络白皮书、参加网络研讨会或为客户做现场演讲。例如，软件行业领头羊兴康公司，发布了名为《兴康专家座谈》(*Cincom Expert Access*) 电子杂志，在 49 个国家的下载阅读量达到了 13.5 万人次。杂志中发表的文章来自几十位商业领袖、作家和分析家，包括《公关第一，广告第二》的作者阿尔·里斯，激发能量组织创始人丽莎·妮蕾尔，《内容创造销售》(*How to Write What You Want and Sell What You Write*) 等 20 多本畅销书的作者斯基普·普雷斯。我本人也是兴康专家咨询网 (Cincom's Ask the Expert network) 的成员。《兴康专家座谈》以文风犀利、幽默而闻名，专家学者们通过自己的文章向读者提供简明、客观的信息，帮助读者更好地开展工作。

创新案例

思想领军者：通过电邮收集数据，依赖网络传播结论

实务营销公司 (Pragmatic Marketing，一家专门为科技公司提供产品营销策略的营销公司) 总监史蒂夫·约翰逊说："别人经常问我，'史蒂夫，你觉得产品经理的月薪是多少比较合适？'以前，我都随便说个差不多的数字。但我逐渐意识到自己是靠过去聘用产品经理的旧经验来估定薪水的，这并不科学。我们意识到自己并不了解现在的薪酬估定基准，所以决定改变这一现状。"实务营销公司的王牌课程就是用来培训产品经理的，因此一直被认为是"职位功能"领域的思想领军者。

约翰逊从公司数据库里调取了几千人的资料做调查。约翰逊介绍说："我们通过邮件告知调查对象，'本次调查是匿名的，在对您的薪水和职业等信息进行综合分析后，我们将免费调研结果发送给您，使您了解最新的薪酬估定基准。'结果出人意料，这次调查竟然引起了买家角色——产品经理的极大关注，现在已经发展成了每年一度的薪酬调查活动。"参与调查的人数高达 2.5 万。10 月份我们在电子邮件业务通讯中写'注意！下月我们将开始年度薪酬调查'。

11月，我们宣布调查'正在火热进行中'。几天之内，我们就收到了几百份回复。在对所有资料和数据进行整理研究后，我们再将最终的调查结果发布到网上。经调查，我们了解到，2005年美国产品管理人员的平均年薪为90 610美元，79%的产品经理分到的年终红利为10 961美元。与此同时，我们还了解到其他信息，如产品经理每天收到50份电子邮件，每周开15次会议，每周用2天处理内部事务。50%的经理每周开会超过15次，27%的经理参加会议的次数多达20次。"

约翰逊逐渐感受到以调查为基础的思想领导力的巨大好处。"首先，数据的力量不容小觑，"他说，"现在，我们都用数据来说话，例如'90%的产品经理是本科学历，其中46%获得了硕士学位。'更重要的是，作为一家培训公司，我们获得了买家的认可。由于我们掌握了最新信息，了解科技类产品经理的需求，所以我们公司被视为行业内的思想领军者。我们的网络数据内容非常出色，通过搜索引擎就可以找到全面的关于科技类产品经理的信息。"

对营销和公关人士来说，网络是一个崭新的世界。它能让你的观点和理念瞬间就在亿万网民中传播开来。深度、广度兼具的网络内容可以通过自身的网络思想领导力，潜移默化地影响自己的目标受众群，这是传统营销与公关所无法企及的。

要想自如地运用网络营销，营销人员必须跳出传统的条条框框，摒弃"命令——控制"式的营销思维，拥抱崭新的营销思路。值得一提的是，只传递单纯的信息已经远远不够，关键在于所传递的信息要有深度、有洞察力。**停止低效的广告宣传，了解买家需求，传递前沿理念，并解决买家难题才是网络风潮中营销与公关的新出路。网络时代最突出的特点开放和参与，单向传递信息的做法已经过时，打造具有公信力的网络内容才是赢得良好口碑的最好方式。**

第12节

如何打造出色的网络内容

> 了解了目标受众，计算出他们应该分成明确的细分层或买家角色，再定义每种目标受众自我定位的形势。他们的问题是什么？商业事务？需求？规则如下：你动手写作时，应以买家，而不是以产品开笔。

买家以及对你公司进行报道的媒体都想知道你的产品到底能够解决什么问题。营销与公关是与买家建立联系并催生行动（如拓展销售渠道）的第一步，重点应当放在如何解决买家的难题。你发布的每一条信息，哪怕只是简单的在线新闻发布，都会创造与买家交流的机会。因此，你在打造网络内容时，应当使用买家熟悉的语言表达方式。在销售的每个阶段，出色的文字材料都能加深买家对你的了解。

发布针对一个或者多个买家角色的网络内容，是营销与公关计划中最为重要的一个环节。不管你什么时候动手，你都得为营销与公关计划中的一个或多个买家角色而写。你应该避免行业中过度使用的行话短语，除非那是角色确实在用的语言。在技术行业里，我认为开辟新天地、行业标准、尖端这些词语，统统都是啰嗦而费解的文字。那些写浮夸文字的犯规者，似乎是从业务到业务的技术公司。基于种种原因，技术公司里的营销人员总是特别顽固地解释产品如何解决客户的难题。因为那些写作者不懂他们的产品怎么解决客户的问题，要不就是懒于为买家写作，于是用产品效能无数的细微差别、行业行话等含糊不清的胡言乱语，来掩盖自己的不足。营销材料和新闻发布的结尾，通常都是"行业领先"的解决方案，它们旨在帮助公司"使业务过程合理化"，"取得商业目的"，或"保护组织的资源"。真的吗？

唠叨文章的分析

几年来，我分析过的几千个网站，加上我每周收到的几百条新闻稿，充斥着毫无意义的自诩形容词。我在读新闻稿时，会稍停片刻，自言自语："天哪，该不是又一家市场领先、定位正确的公司生产的易变的、可攀登的、开辟新天地的、行业标准的尖端产品吧？！我都要吐了！"就像年轻人喊的口号那样，我注意到那些词不断涌现，多到那些自吹自擂的文章刺激着我和其他人的神经。公司真的不知道怎样好好地同人交流吗？

所以，我想确切知道有多少词在这样流传，为此作了一个分析。首先，通过投票选出的公关人士和记者，我选择了过度使用的词和短语，列出夸大其词短语的清单。其次，我借助道琼斯路透商业资讯帮我分析。它的名誉实验室工作人员用文本挖掘工具分析北美公司发来的新闻稿。实验室分析了2006年1月1日至2006年9月30日，道琼斯路透商业资讯数据库中通过北美新闻发布线路发布的每条短语。分析涉及的线路包括《美国商业信息》《加拿大新闻信息》、马修主题交流平台、"交流网站"、《市场信息》、《穆迪》、"美国企业新闻通讯社"和《精华新闻信息》。

结果令人震惊。所汇集的新闻发布线路在9个月里，共传输了38.8万条新闻稿，至少有7.4万多条提及1次吹牛短语。最糟的是下一代，被使用了9 895次。下面的词和短语各被使用过五千多次：易变的、结实的、世界级的、可攀登的及易于使用的。其他在两千到五千次过度使用的短语包括：尖端、关键使命、市场领先、行业标准、交钥匙及开辟新天地。别忘了，共同操作、最佳品种和用户友好型这些短语，在新闻稿中也被使用超过了一千次。

蹩脚的写作：怎么搞的？

每当我看到易变的、可攀登的、开辟新天地、行业标准、尖端一类的词，我的双眼顿时模糊起来。我扪心自问，它们到底想表达什么？说你那小玩意儿是"行业标准"，意味着什么也没说，除非标准的某些方面对买家确实很重要。我希望知道"行业标准"意味着什么，这种标准为什么很要紧，给我证据表明你讲的是真的。

人们经常问我，"我行业里的人都这样写。为什么？"商人不理解买家及他们面临的问题，产品能为解决问题提供怎样的帮助，是使这种交际障碍得以流行，那些短语被过度使用的根本原因。于是自卖自夸屡屡发生。首先是营销人员激怒了组织里的产品经理和其他人，后者提供了一系列的产品特点。接着，营销人员不是根据买家的输入，而是产品的输出，倒序地制造自认为买家想听的语言。那些无能商人最爱耍的小伎俩，就是把产品经理提供的语言，输入微软词语"查找－替换"模式，把"方案"换成"产品"，再把整件事用夸张的、行话闪烁的骗局厚厚地涂一层。那些公司通过电子词语替换，把"我们的产品"裁定为"你的解决方案"，自己失去了说服人们的机会。

说大话方式的另一个不足，是它不能让你公司从同类中脱颖而出。作个试验：不妨选你公司商人虚构的一种语言，再把竞争者的名字和产品换成你公司的。它还讲得通吗？营销语言可以同另一个公司替换，不足以向买家有效地解释，为什么你的公司才是买家的正确选择。

我得承认，此类夸耀性短语主要是技术公司用于企业对企业的领域。倘若你为销售不同产品的一家公司写作，你千万别落入使用上述短语的圈套。对非营利组织、教堂、摇滚乐队和其他组织同样如此，你也不该用这类短语。教训是同样的。避免用你公司和行业的有偏见的行话，为你的买家写作。

"别说了，"你也许会争辩，"技术行业可能有交际障碍，我不是这样写的。"事实上，这种同样的胡说八道在所有行业里都存在。下面是来自非营利组织的例子：

持续能力团体召集了特别工作组，探讨能量不足的原因，拟订计划，鼓励当地商界应用可更新能源和有效能源技术，那对鼓励团体回购潜在的行为变化是漫长的路途。

真见鬼，这说的是什么？下面是某知名公司概述页的第一段。你能猜出它是什么公司吗？

（x 公司）一贯忠诚地信守承诺，基于其优质创造内容和异常的讲故事的丰富遗产，诞生了快乐无比的娱乐经验。眼下，（x 公司）分为 4 个主要业务部门……每个部门都有互相协调、联系密切的业务，同步运作，带来最大的曝光率和全球的增长率。

营销与公关的有效写作

营销与公关意味着同买家（记者）关系的肇始。当你了解了目标受众，计算出他们应该分成明确的细分层或买家角色，这种开头就启动了。一旦这种操作完成，再定义每种目标受众自我定位的形势。**他们的问题是什么？商业事务？需求？只有那时，你才准备就绪，让专业知识同市场交流。规则如下：你动手写作时，应以买家，而不是以产品开笔。**

就以上面提到的娱乐公司为例。迪斯尼（Disney）营销与公关的人士们（你能猜出上面引用的是迪斯尼的企业概述页吗？）应该考虑到游客期望从娱乐公司得到什么，而不是用花哨的辞藻来告知它能提供的设施。为什么不能从定义问题开始呢？"许多电视迷和影迷对美国娱乐业的现状灰心丧气。他们认为眼下的影片和戏剧都是推理出来的，而娱乐公司不尊重观众的智力。"其次，成功的商人运用真实世界里的语言，目的是让客户确信，他们能帮客户解决问题。小心避免企业行话，也不必表露你花了很多工夫，那有点虚假。对受众讲话，友好、熟悉并表示敬重："像受众一样，我们关心、欣赏电影和电视剧，所以我们首先进入这一领域。因此，我们保证永远……"现在我同迪斯尼已经没有任何联系，也不清楚它的业务。但我还是买了迪斯尼很多产品：电影片、电视剧、录像带，参观主题公园。迪斯尼的工作人员写出我建议的这种东西，真是匪夷所思。对迪斯尼的公关与营销人士来讲，用"电影和电视剧"这种短语，比"优质娱乐内容"显得更怪异，但用它同游客建立关系，倒绝对是最基本的。

（源自你博客的）写作反馈作用

我讲一个网上交流与反馈的故事。我把那次研究的结果以"自吹自擂宣言"的标题，发帖在自己 2006 年 10 月 12 日的博客上（次日还发了新闻稿），当时谷歌的"自吹自擂宣言"的点击率为零。我有目的地发明了这条可以发表在网上的短语。3 周内，有几十位博主撰写自吹自擂宣言，有 100 多份评论跟我的帖子和别人的帖子，"自吹自擂宣言"在谷歌上的点击率超过 500 次：从 0 到 500 次只有 3 周。此外，我和别人博客上的读者还提到了其他过度使用的词和短语，如：最佳实践、前摄的、协同作用、开始对话、在盒外思考、革命、形势流畅和样式转换。

史密斯 - 温切斯特公司公关服务副总裁戴夫·施米特同我联系，让我分享他 2006 年 9 月调查一般行业和贸易出版物编辑的结果。施米特询问那些编辑，告诉他们自己读到的过度使用的词和短语，试图发现有多少编辑认同每条短语在新闻稿和公司发起文章中的过度使用情况。他收到 80 位编辑的回复：

◆ 领先（作形容词用，如"……领先生产者……"）——94% 的编辑认为过度使用。每个人都想领先，那就没有真正的领先者了。

◆ "我们为……而激动"（用于管理的引言）——76% 的编辑认为过度使用。公司还会说，"我们很高兴……"和"我们很震撼……"。

◆ 你能想象编辑引用首席执行官这种话的情景吗？你需要引用发言人的书面材料。

◆ 解决方案——68% 的编辑认为过度使用。解决方案这个词由于在新闻稿里的过度使用而被毁掉了。最好能避免，哪怕是解决方案的提供者。

◆ "……广泛的范围……"——64% 的编辑认为过度使用。

◆ 无比的——62% 的编辑认为过度使用。

◆ 卓绝的——53% 的编辑认为过度使用。

谢谢你，谢谢众多同我接触、给我过度使用建议的人。我觉得，你在网上创新一些东西后，用它取得有思想的信息迅速、有效地进入市场，然后人们反馈建议，为最初的写法锦上添花，实在是太酷了。

你的在线和离线营销内容只有关注了买家的问题，才能促使他们行动。买家希望以自己的话来得到它，还有证据。每次你写作，你就有机会交流和说服。在销售过程中的每一步，写得好的材料与有效的营销项目相结合，将导致买家理解你公司怎样帮助他。出色的营销凤毛麟角，但若关注对了，收获肯定甚丰，会引发销售增长，拥有更高的记忆率，吸引记者们留下更多的笔墨。

第13节

网络内容如何影响购买过程

> 某人第一次浏览一个网站时，网站的内容在向访客传递着信息：这个企业是否关心我？它是否关心我面临的问题？这个网站是否只是以自己的狭隘角度，罗列出公司产品的信息？你需要在设计和构架网站导航时就把买家放在心上。

如今，网络几乎成了人们购物的首选去处。无论在哪个市场里，潜在客户总会上网做最初的搜索。在他们进入你网站的关键时刻——你是要把他们引入销售流程，还是放任他们按"离开"？

当潜在客户通过搜索引擎、网站目录、其他网站的链接或者受到营销活动影响来到你的站点时，你就有机会对他们有针对性地传递信息。然而，营销人士却常常不能意识到网站所具备的潜力，这些网站必须一开始就把买家吸引住，并紧紧抓牢他们，直至东西卖出去为止。**个人用户上网不是为了看广告，而是为了询问信息**。通过提供他们需要的信息，你就可以同他们建立起长久且有利可图的关系。编辑和出版人痴迷于扩大读者群，你也该如此。

本节将以一些前文介绍过的思路和概念展开。在第3节里，我们介绍过利用你所在企业的网络内容直达买家；在第10节里，我们串联起一个详细计划，用来区分买家角色并针对每个买家采取有个性化的途径。记住，出色的网站内容是关于你买家的，而不是关于你的。现在我将为你提供制作网页的一些思路，让网页可以引导买家的购物决策过程直到决定购买（或捐赠、

138

参与、认购等行为）的关键点，而那当然是你一切网站内容的目的所在。尽管对于网站来说，吸引眼球的设计和保证正常运作的技术支持是十分重要的，但这些问题不在本书的叙述范围内。已经有许多出色的文字介绍如何编写 HTML、XML、活动服务器网页（ASP）、脚本语言（JavaScript）及其他网络语言。在网上也可以找到无数资源库，提供大量的色彩构成、字体、图标放置技巧和其他能让网站设计锦上添花的元素。虽然这些元素对网站全局至关重要，但我想要集中讨论网站内容如何促成购买行为，因为这一点是经常被忽略的。

要最好地利用内容，你首先要帮助网站访客在你的站点找到需要的内容。当某人第一次浏览一个网站时，网站的内容在向访客传递着信息：这个企业是否关心我？它是否关心我面临的问题？这个网站是否只是以自己的狭隘角度，罗列出公司产品的信息？**你需要在设计和构架网站导航时就把买家放在心上。**不要简单照搬公司或团体的内部排列方式（如以产品、地理位置或政府结构排列），因为网站访客使用网站的方式同公司内部的优先级别往往是不一致的。以企业的需求来企业网站只会让访客感到迷惑，不知怎样才能发现他们真正需要的东西。

你应该尽可能多地了解购买过程，重点要探究访客发现网站的方式和购物周期的长度。考虑网上互动的同时现实世界的情况，让购买过程有互补效应。举例来说，假如你既有电子商务网站又有印刷的产品目录，就应该让它们的内容和信息保持一致，使两者都帮助并强化购物过程（举例来说，在产品目录上印上电子版目录的地址，两种目录采用相同的产品描述以避免混淆）。在 B2B 的世界里，参加展会的厂商可以利用互联网主动出击（例如在展台上收集用户的邮件地址然后发送带有展会登录页的邮件）。理解线上和线下购买过程的细节能使你创造出足以影响购买决定的网站内容。

细分买家

网上关系在潜在客户点击主页的瞬间就建立了。潜在客户首先想看的是可以反映自己个性的内容。那就是你必须针对每个独特的买家个性编写网站内容的原因所在。你的潜在客户怎样自己筛选？是根据职能，地理位置，还是工作的行业？在清晰了解买家的基础上创建恰当的链接是很重要的，这样你能让他们迅速从登录页转向你为他们量身定制的网页上。

例如，纽约公共图书馆是一所有着分散在89个场所、有着5 060万件藏品和3 200名工作人员的机构。它的网站必须为各类读者提供服务。纽约公共图书馆的网站对不同的买家角色（包括在线上或线下使用各种图书馆服务的人们）都具有吸引力，他们都可以从网站直接获取需要的资料。下面是纽约公共图书馆网站服务的部分买家角色：

◆ 来自全球的学术研究者。他们需要访问纽约公共图书馆数字信息库的访问权限。

◆ 住在纽约布隆克斯区、母语是西班牙语的居民（图书馆在布隆克斯区提供西班牙语的初级电脑教程）。

◆ 想欣赏位于纽约第五大道的漂亮图书馆主馆的游客。

◆ 想使用著名的纽约公共图书馆布景的制片厂、电视制作人及摄影师。包括《蒂凡尼早餐》(*Breakfast at Tiffany's*)、《捉鬼敢死队》(*Ghostbuster*) 及《蜘蛛侠》(*Spider-Man*) 在内的诸多影片在此拍摄。

◆ 以捐赠方式资助图书馆的个人、机构和公司。

纽约公共图书馆网站里有详细的内容，适合上述每种买家角色。该网站的头版分成几个主要板块，包括"找书和做研究"（提供图书馆书目信息，针对寻找特定图书的读者）、"分馆"（分馆信息，针对住在纽约市的读者）、"数字图书馆"（世界上任何人都可下载的信息）、"新闻"、"纽约公共图书馆现场直播"（图书馆活动），以及"支持图书馆"（为需要捐赠钱财或做义工的人士提供会员信息和捐赠须知）。每个板块的主页还有补充信息，让浏览这一巨型网站更加容易。

　　企业网站提供导航的方法之一是在登录页上根据产品或服务所解决的问题提供链接。首先你要明确每种目标受众会遇到的状况。如果你从事供应链管理业务，你该在主页上放个下拉菜单，加上类似"更快将产品送达客户"或"把产品发往全球"这样的链接。每条都链接到为针对买家情况的登录页，页面的内容针对问题定制。一旦潜在顾客来到页面，你可以利用解决问题的专长同对方交流，在这个过程中建立起移情作用，推动客户在购买流程中走得更远。

以买家为中心的网站的元素

　　在建立起关注买家和购买过程的网站后，你还有一些事需要考虑。

　　考虑买家偏爱的媒介和学习方式　在 2006 年末的一次会议上，我同《博客与播客的未言之道》（*What No One Ever Tell You About Blogging and Podcasting*）一书的作者特德·迪莫波伦斯（Ted Demopoulos）进行了一番畅谈。我们谈到博客与播客的对抗，网民的学习习惯，网站内容的选择。特德提出一个有趣的观点：网站内容没有必要只采用一种形式。"把信息用不同格式传递出去是值得的，"他说，"我喜欢阅读。我在开车、骑自行车或割草时，常常收听音频节目扩展见闻。但我不喜欢视频，它不同于阅读；它有自己的速度，我无法像阅读文本一样速读或略读。它还需要全神贯注，不像音频。"当然也有人与特德截然相反。他们不喜欢阅读，却迷恋视频内容。人们有着不同的学习方式和偏好的媒介。所以在你的网站上，应该为买家打造的恰当内容。这并不意味着你需要备齐每种格式，但你可以考虑在文本上添加一些照片、音频或视频内容。"人们不光喜欢的媒介不同，心理学家还指出人们从不同媒介学习的效率也不同，"迪莫波伦斯补充说，"销售者应尽可能用多种媒介传达信息。哪怕内容一样，它们吸引的人群也会不同。比方说有人要电子书，但你也能把相同内容做成远程研讨会。"

　　开发个性网站　创立明确、连贯、令人难忘的网站是很重要的，该目标中的一个重要部分是内容的基调和声音。随着访客同网站内容的互动，他们会对你的组织产生明确的印象。这个组织的个性是风趣好玩，还是稳健保守？譬如人们在谷歌主页搜索时，他们可以点击"手气不错"，那是直接访问第一个搜索结果的有趣方法。一个短语就让谷歌的企业性格表露无余。这还不算完。比方说谷歌一共支持 100 多种语言，从南非荷兰语到祖鲁语，甚至还有兔八哥里结巴猎人的用语，你可以把任何话翻译成他说的那样，比如"I'm Feewing Wucky"。这很酷。但对保守型公司不适用——那只会显得奇怪、不搭调。与此相对的是埃森哲咨询公司（Accenture）的主页。笔者行文至此时，埃森哲网站的商标下的广告语是"高级表演。已发送"，有一张老虎·伍兹的照片和一条信息（"我们知道怎样变成一头老虎"），外加吸引人的信息（"查看我们的研究结果和 500 多位高绩效员工的经验结晶"）。这些登录页效果很好，因为网站个性符合公司个性。不管企业个性是怎样的，实现个性一致的方式都是确保网站的文字和其他内容符合你一开始定下的根本基调。**充分重视网站的个性特点是绝对值得的。随着访客开始信赖网站的内容，他们会对你的组织建立起感情和私人关系。网站能像电子邮件那头的朋友一样，唤起熟悉而信任的声音。**

用照片和图像讲故事 内容不限于文字。精明的营销者懂得利用照片、音频传送、视频截图、卡通片、图表和曲线图等非文本内容来传递信息、讨好网站访客。照片在许多网站中扮演的角色尤其重要。照片是富有表现力的内容，在有机整合的网站中，图像可以起到巨大的作用。但是，普通的"模板"照片（例如那种高兴和光鲜的各国精英在看似公司会议室中拍摄的照片）其实会产生负面效应。网民立即会明白照片里的人和你的组织无关。你和你的用户都不是那么平常的。从技术角度来看，虽然照片、图表、曲线图及其他非文本内容对任何网站都是很好的补充，但还是要谨慎使用超大尺寸的图形和叫人分心的 Flash 格式视频。访客希望尽快看到内容，他们希望站点读取快些，也不想被分心。

加入互动内容工具

任何能让人们和网站内容互动的内容，都是吸引访客、树立兴趣，引导用户进入销售流程的好方法。互动工具包括金融网站上查询股价和图表的应用程序，还有政治宣传网站上"给国会议员发邮件"的工具。互动内容给访客着迷于网站的契机，这让他们更可能在购买决策过程中取得进展，到达愿意付钱的临界点。

提供反馈的渠道

提供访客与组织互动的渠道是优秀网站的一大标志。"联系方式"板块必须明显，"为本文评分"钮、在线论坛、访客评论、留言功能等用户直接反馈的机制也让访客有机会直接反馈有价值的信息，而这些信息对其他访客也有参考作用。

提供客户间互动的途径

对于许多组织来说，提供让客户们共享互助的论坛或维基等于告诉潜在客户自己已经有一个活跃的群体在使用产品或服务。换言之，现有客户群在网上的互动本身就是出色的营销！

创立有传阅价值、可能造成病毒营销的内容

网站内容为病毒营销提供了极好的素材。病毒营销是指网民把网站的信息向朋友、同事们竞相传阅，或把内容链接到自己博客上的现象（更多相关内容请见第 8 节）。当内容很有趣或有用时，访客有可能告诉朋友——通常以链接的形式。**为网站制造交口相传的蜂鸣效应绝非易事。没有方法能保证你的内容广为传阅，因为蜂鸣效应往往是自发发生的。你可以做的是推动这个进程。在创建网站内容时，要仔细考虑使用者愿意传递的内容是怎样的，并让这些内容易于看到和链接。**不要改变网站链接，这样当访客隔几个月（或几年）后再访问时不会只看到死链。病毒营销能否成功，取决于内容是否有趣、有价值，易于发现和共享。

利用 RSS 将网站内容发给细分市场受众

我们这些媒体和分析业的工作者通过 RSS 获得信息的简便，让我把 RSS 放进网络营销策略中的重要性如何强调都不过分。这是我在工作中追踪市场、公司近况和新理念时偏爱的方法。一旦信息以 RSS 发表，火狐等支持 RSS 的浏览器或新闻鳄（News Gator）等网络应用程序就会检查订阅站点的更新并在网页显示更新。这样让信息主动上门要比以前要在各站点查找信息容易多了。通常为免费的 RSS 和新闻聚合软件容易使用，并且提供了一种在任何设施上都可以获取信息的途径。我尤其喜欢 RSS，因为它提供了强大的信息管理工具，可以绕过越来越拥堵和烦人的电子邮件。RSS 订阅是我定制真正想看内容的方法。

奇怪的是，只有极少数组织用 RSS 来整合新闻和内容。明白 RSS 针对特定细分客户营销价值的就更少了。组织应向 BBC、《纽约时报》、《华盛顿邮报》等大型新闻网站和其他提供 RSS 订阅的网站学习。这些网站几乎所有的内容（包括新闻稿、博客帖子、产品更新或上市公司财报）都能通过 RSS 分类订阅。

Netflix(美国著名影碟租赁服务商。——译者注) 提供 RSS 回送，影迷们注册后可以收到针对个人口味的影碟情报更新，包括"最热门 100 强"、新片、"纪录片 25 强"、"喜剧 25 强"、"最经典 25 部"及其他许多分法，全都针对特定客户提供有用的内容。倘若我是独立电影迷，订阅 Netflix 的 RSS 后，网站任何关于独立电影的更新我都能通过 RSS 阅读器及时知晓。

与标准的一视同仁式的营销模式不同，RSS 精准瞄准并直接传递给有兴趣的细分受众。这和公司网上推销的典型方式正相反。当你成为客户后，企业会给你发来"特别优惠"的电邮，请你注册。收到过二三封这种邮件后，你就会明白这些邮件是群发的，没有针对性的信息。

将网站内容直接纳入销售流程

最成功网站的营销人员有针对性地设计内容，把买家吸引进销售流程。打算购买的人总要经过特定的考虑过程。如果事情简单、花钱不多，比如从iTunes上下载一首歌，那么思考过程会很直接，恐怕只花几秒钟。但对重大决定，比如买新车、送孩子读哪所大学，或接受某份工作，可能要数周或数月时间考虑。许多 B2B 的销售流程包括很多步骤及多重买家角色（比方说商业买家和 IT 买家），会耗上数月甚至数年才能完成。

高效的网络营销人员早在编写内容和组织网站结构时，就考虑如何吸引访客进入购买流程。处于购买流程早期的访客想了解自己的问题以及组织如何帮助解决的基本信息。处于中期的访客要的则是产品和服务的比较，了解你提供的服务具体有哪些好处。当买家决定刷卡时，他们需要直接从页面链接到付款方式，以迅速完成购买（捐赠、认购等）过程。

高中生在高二的秋季向多所大学提出申请，通常在次年春季决定考哪所大学。但销售流程开始得更早。当学生亲自参观大学时，他们往往已经高三了；但他们第一次访问大学网站时，他们多半才高一或高二。大学网站经常是学生最早接触大学的地方，因此它必须迎合两三年后才会申请的年轻受众。大学网站要创造合适的内容来维持覆盖超长销售流程的长期关系，只有当组织彻底了解买家角色、理解销售过程的细节，才能维持这样的关系。大学必须为高中生提供相宜的内容，让他们了解申请入学后在这所大学的生活是怎样的，以及申请过程中需支付的费用。

对好网站而言，至关重要的是重视理解买家和销售周期，并开发合适内容把访客吸引到销售周期来，直到作出购买决策。

友好的提醒

当你展示了所在行业的强势和解决潜在客户问题的才能后，是时候介绍产品或服务了。在撰写介绍产品的内容时，记得以买家和他们问题为出发点，而不要就产品间的参数区别大下笔墨。人们在购买流程中期会与你的网站内容互动，这是提醒他们订阅相关内容——例如电子邮件形式的新闻报、网上技术交流会或播客——的恰当时刻。但请记住，如果你向某人索取电子邮箱或其他联系细节，你必须提供有同等价值的东西作为回报。

潜在对象会打听、刺激或试探你的公司，以加深对公司性格的了解。他们有许多问题。所以设计出色的网站都有让访客询问的板块，回答要灵活又坚持原则。请为他们提供多种与公司互动的方法，让网上任何页面都随时可见联系方式（最好只需一次点击就能联系得上）。还要牢记买家——尤其是高价产品的买家——会试探性地提问，看看你要多久才会回应。你应该把回复买家的提问放在首位。在这个阶段，你要让他们这么想："我能和他们做生意。他们有着满意的客服，并能快速回复我的问题和需求。"

结束销售，但保持联络

当客户接近购买流程末期，你必须拿出便于交易的工具。买家也许不能确信哪款产品最适合自己，所以你可能需要提供在线产品展示，或者可根据客户的具体要求推荐产品的网页工具。

交易完成后还有一个步骤。你必须同刚做成的客户在网上保持对话。把他的电邮添加到客户通讯录中，或给他一个客户专用交流网站的账号，让他在那里同组织的专家及志趣相投的消费者们互动。你还该为客户提供充分的机会，让他们提供改善产品和销售流程的建议。

创新案例

开源式营销模式：软件行业的未来

当竞争对手在网站上墨守成规时，休格客户关系管理公司合伙创始人兼首席执行官约翰·罗伯茨依靠出色的网站内容建立起新的商业模型。"区别在于，Sugar CRM 是为客户关系管理而创立的开源式商业应用软件。"他解释道。销售、营销、客服等部门用这个软件管理客户名单、追踪客户互动、帮助销售人员确认合约并处理客户问题。"我厌倦了在那些花大钱在销售与营销上，却不重视产品的公司工作。所以 2004 年 4 月，我和合伙人辞去工作，成立了 Sugar 客户管理关系公司。其他公司销售软件的常用方式，是派大批销售员上街推销，花 7 倍于产品开发的钱在销售与营销上。互联网的进化让我们感到可以有更好的办法：用互联网打造产品，与想使用的人互动，并以这种互动作为产品的营销。仅仅两年时间，我们用互联网发展了 900 多位付费客户。"

Sugar CRM 的基础是称为休格锻造的开源式软件项目，任何人无须注册即可免费获得其程序编码。电脑高手可以改动代码，做出自己喜欢的修改版本。眼下，有 60 种语言的 200 个项目使用着开源的 Sugar CRM。罗伯茨称："你能免费下载并使用这种程序，无须提供任何信息。在开源环境里管理工程，编写软件，让订单蜂拥而至。"

Sugar CRM 非常支持社区互动，这包括活跃的论坛和 Sugar 维基——集体编写的知识库。这种网络内容形式作为营销与公关工具的有趣之处，就在于对客户甚至非客户的彻底开放。不少公司都有互动社区，但把它们锁在密码保护的隐蔽处。休格客户管理关系则是全透明的，其他感兴趣的潜在客户看得到动态。"随时都有几百人同时上在线论坛，"罗伯茨说道。"他们讨论软件缺陷，如何改写程序，甚至怎样使用源代码。"

借助网络内容，Sugar CRM 首先向人们介绍产品，然后提供免费产品并鼓励使用者参与论坛和维基，最后通过向大型组织出售产品的企业版赚钱。网络内容是这个过程中公司营销的发动机。"这是软件的未来。我们不像其他客户管理关系公司用大规模销售投入来告诉你什么软件好，我们用免费产品和网站内容来证明。"

在休格客户管理关系商业网站上，存在着以买家身份为基础的产品演示，针对公司确定的 5 种买家个性：销售员、商人、支持团队、执行官、官员。作为有 80 名员工和渴望回报的投资人的公司，Sugar CRM 当然是以赢利为目标的。罗伯茨自然希望付费客户的数量数以千计地增长，但他谨慎地把免费的开源版本 SugarForge.org 同付费版本 Sugar CRM.com 的网站完全分开。"我们让教堂和政府分离，"他开玩笑说，"免费版并不是引你购买其他版本的'诱饵'。要在这种商业模式中成功，你应该清醒地认识到，使用软件的人也许永远也不会付你一毛钱。很多公司无法坦然接受这种状况。但我们发现你能创建出在线生态体系，这种体系比封闭、私有、依赖大规模销售和营销成长的传统体系更为庞大。"

对任何组织来说，打造出色网站的关键都是理解买家并围绕他们打造有价值的内容。

还有最后一步，高效的营销人士会不断思考和进取。因为随时可以方便地更改网络内容，你应该利用这点来测量人们在网站的活动。检测链接和首页内容等基准元素以及测试不同的登录页效果都是有用的方法。如果你在登录页上提供两个下载资源（比如免费壁纸和免费试用软件），你可以测试哪个的点击率更多，还能测试多少人使用下载资源后会购买。这样，你能了解的不仅是点击数，还有下载内容带来的回报，以后制作登录页可以灵活运用。你可以根据实际数据作出有价值的修改。你也许还想试试看改变登录页的链接次序有什么结果。有时人们只是习惯性地点击最顶端那条。如果换一条会有什么效果呢？

当然，产品质量、广告、媒体报道、品牌化对营销综合战略都至关重要。但精明的营销人士明白在网络世界，有效整合进购买流程的网站内容策略是成功的重要部分。

第 14 节

如何用新闻稿直达买家

> 你应该思考营销部门调查得到的买家个性情况，根据
> 买家想了解的内容来制订新闻稿的编写计划。制定吸引顾客
> 的新闻稿新策略如同在新闻网站发表新闻——你向买家提供
> 他们要的信息，让他们在网上找到你的组织并加深了解。

第 5 节引人入胜的案例表明网络改变了新闻稿的发布规则。买家们现在可以在谷歌、雅虎、其他搜索引擎、垂直市场门户网站和 RSS 阅读器上读到你的新闻稿。所以，精明的营销与公关专业人士打造出直接针对买家的新闻稿，吸引买家订货，让产品登上畅销榜首，赢得更多网络流量，获得更多捐赠并卖出更多产品。需要再次重申的是，这并不说明主流媒体和媒体公关无足轻重。主流媒体和专业刊物仍然在大多数市场里至关重要，但你的新闻稿的主要受众不再是屈指可数的几个记者。你的受众是数百万接入互联网、能用搜索引擎以及 RSS 阅读器的人们。你该如何着手撰写直达买家的新闻稿项目呢？让我们回顾第 5 节谈到的新闻稿新规则：

◆ 千万别只在发生"大新闻"后才发新闻稿；找出合适的理由时
  时更新。

◆ 与其只针对寥寥可数的记者，不如撰写直接针对买家的新
  闻稿。

◆ 新闻稿应充满关键词。

◆ 新闻稿应包含某种优惠服务，可以吸引客户以某种方式对新闻稿作出回应。

◆ 在新闻稿上放置链接，让潜在客户来到你网站的登录页。

◆ 为便于搜索和浏览对新闻稿进行优化。

◆ 在 Technorati、Digg、del.icio.us 上使用社会化媒体标签，这样你的新闻稿能被找到。

◆ 用新闻稿把人们引入销售流程。

在本节，我们将运用这些规则来制定新闻稿策略。

制定新闻稿策略

着手写新闻稿时，最重要的依然是考虑买家。**你应该思考营销部门调查得到的买家个性情况（在第 10 节有所介绍），根据买家想了解的内容来制订新闻稿的编写计划。**制定吸引顾客的新闻稿新策略如同在新闻网站发表新闻——你向买家提供他们要的信息，让他们在网上找到你的组织并加深了解。

要像出版人那样思考，就要记住内容的重要性。"在公关行业，每件事都是内容主导的，"dbaDIRECT 营销公关经理布莱恩·亨宁格这么说，"我喜欢用新闻稿直达市场和潜在的客户。用新闻稿的话，只要 100 美元就能和全球对话。"亨宁格用更长、更详细的白皮书来作为新闻稿的补充，把dbaDIRECT 的理念推向市场。"我就像写新闻故事那样写新闻稿，"他说道，"我们好奇地观察市场需求和企业间的潮流，并针对那些趋势写作。"

但你写新闻稿的目标对象刚开始发生根本变化时，你会因为写什么而手足无措。经验之谈：大新闻当然最值得写，但不要被动地等待大新闻。你的组织正在做的任何事都可以写：

◆ 在老问题上有新突破？写新闻稿。

◆ 为独特的市场服务？写新闻稿。

◆ 有有趣的信息分享？写新闻稿。

◆ 首席执行官作了演讲？写新闻稿。

◆ 获奖了？写新闻稿。

◆ 新增某个产品功能？写新闻稿。

◆ 赢得新客户？写新闻稿。

◆ 发布了白皮书？写新闻稿。

◆ 今天早晨起床了？好吧，这个算了……不过你的思路对了！

通过新闻发布服务发布新闻稿

让买家看到新闻稿的最佳方法是在网站发布的同步分发给大型新闻稿组织。利用新闻稿发布服务的好处是稿件将分发到诸如雅虎、谷歌、林克斯 (Lycos) 及其他众多新闻服务网站。许多新闻稿分发服务也涉足贸易和行业网站。实际上用一条新闻稿就能登上几百家网站。这种方式的最大好处是稿件会被新闻搜索引擎和纵向市场网站编入索引。当某人搜索包含在你稿件里的词或短语时，嗖，潜在客户立即找到了你。另一个额外的好处是当你的新闻稿发布后，那些订阅行业情报的人会收到重要信息发布的提醒。

目前有不少新闻稿分发平台可供选择。我列出了一些美国的新闻稿分发服务网站。其他国家也有类似服务，如服务加拿大市场的马修主题交流平台。请浏览各个网站并自行比较吧。

部分美国大型新闻稿分发服务：

◆ 美国商业连线：www.businesswire.com

◆ 市场连线：www.marketwire.com

◆ 精华新闻信息：www.primezone.com

◆ 美国企业新闻通讯社：www.prnewswire.com

◆ 公关网：www.prweb.com

为了让新闻稿出现在 "谷歌新闻" 在内的在线新闻服务上，你需要购买新闻稿分发服务商提供的基本地区服务包。报道范围依照你和记者间的地理位置决定。我住在波士顿，那么波士顿地区的服务是最便宜的。服务商还提供许多增值选项，如覆盖全国的服务。但是重要的是你要知道大多数新闻稿分发服务都包括不受地理位置限制、向 "谷歌新闻" 等在线新闻服务的报道的服务。所以在选择服务时，记住你的目的是通过搜索引擎和纵向市场网站直达买家，而最大的媒体报道和地区覆盖并不比稿件被主要在线网站收录来得重要。

使用 RSS 订阅直达更多买家

许多新闻稿分发服务商也提供新闻稿的 RSS 订阅服务，提供其他网站、博客、记者和个人用户使用。这意味着每次用分发服务发表一篇新闻稿，会有几千名订阅某个分类 RSS（由分发服务负责分类）的人看到。假如你在稿件加上对汽车行业的主要标签，你的新闻稿将被分发给所有订阅汽车新闻稿RSS 的人或网站。"谷歌新闻"这样的在线新闻服务也有 RSS 订阅，允许人们通过关键词和短语来定制订阅。每当你的新闻稿件里包括了人们设置为重要的词汇或短语，你的新闻稿链接会迅速通过电邮或 RSS 订阅出现。

在网站同步发布新闻稿

请把新闻稿发表到网站上合适的显眼板块。许多组织在网站上设有媒体报道区或新闻稿区，那是理想的状态（请阅读第 15 节了解创建在线媒体区的细节）。只要内容合适，你应该尽可能久地保留新闻稿，也许保留上几年。这很重要，因为大多数在线新闻网站不会保留几个月前的新闻存档。如果潜在客户在分发服务发出新闻稿的几周后寻找内容，他们一定能在"谷歌新闻"和同类网站找到新闻稿。除非你在网站为新闻稿提供永久的链接地址并被搜索引擎编入索引，否则一年后他们就找不到这则新闻稿了。

新闻稿带链接的重要性

除了企业网站，你的新闻稿或许还通过 RSS 订阅、新闻网站和其他个人网站发送，因此在新闻稿上添加网站链接就很重要了。这些链接可能指向带有优惠报价或详细信息的登录页，使买家从新闻稿进入企业网站上的特定内容，然后像前几节介绍的那样进入销售流程。

新闻稿带链接还有一个巨大好处。你的新闻稿每次在其他网站发表——例如在线新闻网站，从这些网站进入你的网站的链接将帮助搜索引擎提高你的网站排名，因为搜索引擎把来自外部网站的链接作为页面排名算法的重要标准。当你的新闻稿带有网站链接，且被搜索引擎编入索引后，你其实提升了网站的页面排名！换言之，当带链接的新闻稿出现在某网站上的某处时，搜索引擎会提升链接指向页面的排名。酷吧？**分发带链接的新闻稿会提升你的网站在搜索引擎的排名。**

留心买家使用的关键词和短语

同我上文提及的那样，成功出版人值得网络营销者学习的特点是先理解买家，再满足他们的信息需求。请像出版人那样思考，一个能写出促使买家行动的新闻稿的方法是先关注客户的问题，继而有针对性地撰写并发送新闻稿。请使用买家会用的词和短语。想想你的受众正在搜索什么，然后在新闻稿中包含那些搜索词。从买家个性换位思考能让你得到需要的信息。不要自我意识过强，只写关于企业的事。买家的问题是什么？他们想了解什么？他们用什么词汇来描述自己的问题？我知道，上文我已经反复提到过这点了——那是因为这非常重要。

被《基普林格个人财富》（*Kiplinger*）在 2006 年 10 月评为游艇网站 25 强之一的游艇竞赛（CruiseCompete.com）帮助人们通过具体的日期和港口资料从众多旅行社中找到可靠游艇报价。游艇竞赛是利用买家的搜索词以新闻稿抵达客户的出色例子。2006 年 10 月，举个例子，如果正在圣诞假期前夕，该公司通过"市场信息"发布了一篇新闻稿，标题是："游艇以热门假期价扬帆远航"。最重要的是稿件开始有这么个句子："……预订7晚的度假票，每人不到千元，包括感恩节游艇，圣诞节游艇和新年游艇"，一句就有3个关键短语。稿件不但提到了"感恩节游艇"、"圣诞节游艇"及"新年游艇"这三个带来用户搜索流量的短语，还把搜索者引入销售流程。稿件中这三个短语都有游艇竞赛网站特制的假日游艇服务登录页的链接。任何点击"圣诞节游艇"的人，都被直接链接到圣诞节游艇专页。

本案例让人激动之处在于当2006年10月末笔者行文至此时，该网站的假日游艇新闻稿成为了在"谷歌新闻"搜索"感恩节游艇"、"圣诞节游艇"和"新年游艇"出现的第一个搜索结果。更重要的是，新闻稿链接让访问量陡然提升，帮助这三个登录页在谷歌网页搜索的结果中名列前茅。举例来说，搜索"圣诞节游艇"后该网站的对应的页面在谷歌网页搜索中是第四个结果，有583万次点击。

"我们清楚人们计划在假日出游，"游艇竞赛网站的咨询师海蒂·M.阿利森-沙恩说道，"我们用新闻稿同客户交流，告诉他们现在正是订票良机，因为价格优厚，都快卖完了。"阿利森-沙恩确保游艇竞赛在每条新闻稿中包括了理想的短语，每份新闻稿都有恰当页面的链接。她说道："这个战略把抵达潜在顾客简化为'只要了解人们喜爱搜索什么，再把他们链接到网站上的相关页面'，我们尝试提供对用户有用的相关内容，专注客户在意的问题，并提供他们需要的链接。这不难做到。"

游艇竞赛的新闻稿因为提升谷歌网站排名而硕果累累。同时因为买家搜索相关短语，新闻稿也能直达买家。"我们每次发布有针对性的新闻稿，在网站流量上都看到一个峰值。"阿利森-沙恩说道。

当你斟酌新闻稿上的措辞，千万别陷入行话的陷阱。要像客户那样思考、说话、写作。尽管有体系完整的专业词汇可以用于介绍产品和服务，但它们对你的潜在客户而言只是对牛弹琴。**在写新闻稿（或任何形式的网站内容）时，你应该注意买家使用的词和短语。作为搜索引擎的营销工具，新闻稿的价值取决于其中的关键词和短语。**

加入适当的社交媒体标签

许多（但不是全部）新闻稿分发服务都有社交媒体标签功能，让新闻稿能在 Technorati、Digg、del.icio.us 等社交媒体服务上轻易找到。请使用标签！社会化媒体标签能让你的新闻稿更容易被发现。以 Technorati 博客搜索为例，全球众多用户在这里寻找感兴趣的最新的分类博客帖子，当然也包括新闻稿。在 Technorati 上点击"营销"分类后（我常这么做），我不仅能读到被加上"营销"标签的最新博文，而且还有组织撰写的、有"营销"标签的新闻稿。关键是在网上你必须全力确保新闻稿出现在尽可能多的有用网站，并可以检索到。

为了方便记住优秀新闻稿用的各种标签和其他功能（如附上照片和音频订阅服务），SHIFT 交流公司的负责人托德·德弗伦创造了社交媒体新闻稿模板。"所有新闻稿内容最终都将出现在网上，"他说道，"所以为什么不以便于用户使用的形式写出新闻稿呢？传统媒体和新媒体记者都习惯在充满网页链接的环境中工作，习惯于人们通过 del.icio.us 的社会性书签网站和 Digg 网站的推荐功能来为网站内容增加背景信息。模板使人更容易记得要做这些事。"在你撰写新闻稿时，德弗伦的模版是出色的工具，因为它帮助你充分利用各网站现有的功能，使新闻稿更有用、更易寻找。

把重要新闻告诉客户和潜在对象

很多公司把大量资源砸在公关与媒体关系项目上，这些项目的成果却常被淹没在公司网站难以发现的新闻板块里。请考虑用通俗易懂的一两段篇幅重写新闻稿，作为电邮新闻报的内容发给客户和潜在对象。或者建立 RSS 订阅把新闻发给任何感兴趣的人。别忘了你的员工，要是他们知道了这些新闻，也许会成为你最狂热的鼓吹者。

最节约成本的抵达买家办法是把已有内容重新包装后介绍给其他受众。组织常常花费无以计数的冤枉钱——比如只针对小部分记者的公关项目，却无法把同样的信息传递给其他人。又比如促销广告把人们引导去了内容与广告不一致的网站，使人们失去兴趣。**令人遗憾的是，公司无法把线上和线下的销售、营销与公关进行整合，最终总会错失良机。**幸运的是，网络简化了新闻稿项目与宏观的在线策略的整合。

还有一件事你可能从未考虑过：建立常规的编辑日程表，定期发布新闻稿，以显示你的公司很"忙碌"。当人们进入你的线上媒体间，发现里面只有寥寥几条新闻稿时，便会猜想这个公司正踱步不前，或对行业无所贡献。**在营销的新世界里，持续、优质的新闻稿内容会为公司或非营利组织塑造品牌，成为忙碌的市场参与者、行业专家和值得信托的来源。**

第 15 节

线上媒体间：不仅向媒体敞开的企业门面

> 诸多熟悉网络的销售人员了解搜索引擎优化的重要性，却忘记了要设计便于浏览的网页。忘记这点尤其可惜，因为在新闻稿页的高流量中，有一部分就来自用户进行搜索操作时浏览的其他页面。

线上媒体间（有时称媒体中心或媒体报道页）是企业网站针对媒体而设置的版块。在某些组织里，这一页面仅仅是新闻稿的存档加上企业公关人员的联系方式。但也有不少公司和非营利组织设有精心制作的线上媒体间，以音频、视频、照片、新闻稿、背景资料、财务数据等形式提供大量信息。线上媒体间的一个近似形态是很多股份公司设有的在线投资关系间，本书暂不涉及。

在我给出如何建立有价值的线上媒体间的思路之前，我希望你先考虑至关重要的一点：访问线上媒体间的人不光是记者，而且还有各式各样的人。请稍停片刻，让这个概念沉淀到脑中。买家会通过访问网站上的媒体页来观察你的组织。你现有的客户、合作者、投资者、供应商和员工都会访问那些页面。为什么是这样？根据我业余时间研究的结果（我经常同负责制作、组织线上媒体间的人士就访客统计作交流），我可以确定地说，当人们想了解某组织的当前情况时，他们会访问线上媒体间。

访客对网站主页的预期通常是相对静态的（即不常更新），但他们也希望企业能在新闻稿和针对媒体的页面及时更新公司的最新消息。对很多公司来说，新闻稿是网站访问最频繁的区域之一。查查自己网站的统计数，你会惊奇有那么多人已经在网上读过你的新闻稿和其他媒体页。

所以我希望你做一件传统公关人士视为疯狂的事情：**针对买家设计线上媒体间。通过建立针对买家的媒体间，不仅可以把这些页面提升为强有力的营销工具，同时还在为记者打造更好的媒体网站。**我评估过几百家线上媒体间，办得最好的那些都是在设计时就把买家的想法放在心上的。这种办法听来有点激进，但相信我，它确实有效。

利用线上媒体间免费优化搜索引擎排名

新闻稿在网站发布后，搜索引擎的爬虫会发现内容，把它编入索引，并根据词、短语和其他因素予以排行。因为通常组织网站的新闻稿页比其他页面更新更频繁，搜索引擎的算法（对频繁更新的网页有利）有很大可能把新闻稿页成为网站排行最高的页面，这会产生从那些页面登录网站的流量。

"搜索引擎的算法决定了设计合理的媒体间常常有更高的排名和更多的流量，这是毫无疑问的。"提供专业商业在线交流工具的"燃油团队"（The Fuel Team）创始人和管理合伙人迪伊·兰博这么认为，"新闻稿为线上媒体间创建活跃的一组新内容，每条新闻稿会有各自的索引页，被搜索引擎——捕获。谷歌和其他搜索引擎偏好和站内现存内容有链接的新页面。敢于冒险的公司利用这点不断发布新闻稿，让公司在搜索引擎上排名靠前。新闻稿频率与搜索引擎排名有密切关系。要是你写 10 条新闻稿，那不错；20 条更好，100 条就好上加好了。"

线上媒体间在任何企业网站都是重要组成部分，也是有效媒体关系战略的关键点。做得好，线上媒体间会把原本随便看看的记者变为报道并正面突出企业的支持者。更重要的是，线上媒体间会把买家引导进销售流程并吸引他（她）们深入销售流程，为企业带来更多生意，帮助企业赢得利润和客户的终极目标。我评估过几百家线上媒体间，发现大多数都无法提供有吸引力的内容。不错，这些站点可能看起来很美，但它们突出的是设计和图像，而不是记者（和买家）需要的内容。下面是一些小技巧，用来帮助你的线上媒体间，让它们像我见过的最佳媒体间那样有效。

思考线上媒体间的好处时，许多营销与公关人士都忽略了一个核心的因素，那就是你可以亲自控制内容，而不用交给 IT 部门、网站管理员或其他任何人。最佳的运用策略是把线上媒体间设计成抵达买家和记者的工具，你无须遵循网站其他部分的内容发布准则。你可以学习运用简单工具（如："燃油团队"以及美国企业新闻通讯社的"媒体间产品"等对线上媒体间内容的管理应用软件），自己管理企业网站的线上媒体间，这样就不用向其他部门或办公室的任何人求援了。所以请以自己的需要和买家、记者的需求为起点，而不是组织网站其他部分的掌控者的。

从需求分析开始

在设计新的线上媒体间（或计划大幅改版）时，请从需求分析开始。在开始网站美术设计和组织新闻稿之前，你该花点时间分析网站怎样如何配合营销、公关和媒体关系的全局策略。在制订营销与公关计划时，考虑你所树立起的买家角色的情况。与记者朋友们友好交谈，了解他们需要什么。**谁是线上媒体间的潜在用户？什么内容会对他们有价值？收集了一些信息后，把买家和记者的要求体现在媒体间里。在开始设计后，更多像出版人，而非营销与公关那样思考。出版人会仔细区分和定义目标受众，然后针对每个独特的受众群体开发内容，满足他们的需求**。网站的图像元素、色彩、字体和其他视觉应用也很重要，但在做内容需求分析时并非主要考虑的。

优化新闻稿搜索与浏览

最好的线上媒体间在设计时就想到了一些访客需要搜索内容，另一些则需要浏览内容。很多访客是抱着明确目的而来，比如寻找最新新闻稿或首席执行官的姓名。他们要具体问题的答案。组织因此必须优化内容——比如添加搜索引擎——使答案易于找到。人们使用内容的另一情况是，别人告诉自己某个并不清楚的信息，因此并不知道从何处查起。所以便于浏览也很重要。

网站浏览方便的话，用户有可能会偶遇并没有特意在找的有用信息。**诸多熟悉网络的销售人员了解搜索引擎优化的重要性，却忘记了要设计便于浏览的网页。忘记这点尤其可惜，因为在新闻稿页的高流量中，有一部分就来自用户进行搜索操作时浏览的其他页面。**

你所用的网站导航，要能让访客得到自己并未主动索取的有用信息。请考虑支持多种浏览方式。例如你能针对不同的买家个性（如通过垂直市场，或买家群体的大小）在新闻稿上加上不同链接。你还可以根据特定的产品（因为有些媒体报道只是略微提到你的某种产品）、特定的区域或市场为新闻稿排序。大多数企业简单地按时间新旧排列新闻稿（最新新闻稿在页面顶端，去年的就进角落了）。这种安排在新闻稿主页也说得过去，但你还应有额外的导航，以便人们浏览新闻稿。别忘了人们可能还要打印新闻稿，因此请考虑提供便于打印的格式（如 PDF 格式和 HTML 格式）。

创造背景信息，帮助记者写稿

你应该发表一系列关于组织的背景资料——这些资料有时被称为在线媒体工具包或新闻工具包——放在线上媒体间的显眼处。该工具包应有大量信息，基本上囊括记者介绍企业、产品或服务时会提到的各种资料。包括公司历史和大事记、主管生平、投资方概况、顾问委员会或董事会成员的生平、产品和服务信息、公司分析师的信息、最近媒体报道的链接等，记者能从中节省大量时间和重复劳动。请用合适的导航链接，让工具包易于找到和浏览。我认为一组围绕客户组织的、向客户介绍产品和服务的使用信息应是线上媒体间的另一个关键组成部分，可惜我很少看到这样的工具包。用客户的话写成的案例研究不仅对记者有效，而且对潜在买家也特别有用。记住，你越方便记者的写作，他们就越乐意写你，尤其当写作期限不宽裕时。我回想起为《电子目录》杂志写题为《论信息：营销特有内容管理的市场》的特写文章的情景。为写这篇文章，我要研究协助销售人士组织信息的公司和产品，结识该行业里的顶尖人才，采访公司管理层。为圆满完成任务，我需要写一些该领域里的新近细分公司。我怎样选择那些公司呢？你猜到了，我选了那些有高效线上媒体间的公司，这些内容帮助我立刻了解公司和产品，让写作变得轻松。

有创意的沟通人士善于利用照片、表格、图形、博客或视频等非文本内容向网站访客和媒体传达信息，也包括执行官的照片、标志图像、产品照片及其他（得到批准后）可以发表或链接给记者的内容。你应该采用记者能方便地用在书面报道、电视和广播的音频和视频内容（如执行官演讲片断或产品演示）、照片和标志。你同样会发现记者以外的人也会看到这些内容。所以除了考虑媒体的喜好外，也加入与买家角色契合的例子。

利用线上媒体间提供有价值内容的沟通人士更有可能赢得正面报道。但组织却经常不愿发布最管用的内容，因为他们认为这是企业专利。在不少网站上，产品详细规格及价格目录等信息都要直接联系公关部或填写超长的注册表格才可获得。这些内容恰恰是能使记者作出报道决策的。公司、政府机构及非营利组织的所有公关和营销人士绞尽脑汁，思考什么内容适合放上公司网站。然而，动机良苦的执行官们担忧公司形象，法务部条件反射地回绝，销售人员觉得只有糊弄人才能把产品卖出去。所以得到在网上发布"专利"内容的必要审批并不容易。但毫无疑问的是，媒体间内容对记者和媒体越有价值，公司对他们就越有吸引力。

时机来了就全球化

网络让抵达世界各地变得容易多了。时机恰当的话，你可以通过为全球的客户提供和创建本地内容，更好地为本地及全球的记者服务。许多组织，犯下了网站只提供本地市场内容的错误，因为这样，这些网站只对本地市场才有价值。把网站改造成面向全球的通常做法，包括收录针对各国的案例分析，或采用各国不同计量单位标明的产品详细规格（例如公制尺寸或法律规定的其他单位）。有时细节会决定成败。举例来说，别忘记全球都使用标准的A4纸，而美国却使用信笺纸。所以在美国以外准备好情况简报或其他印刷材料的两种规格是很有用的。提供当地语言的内容，也体现你的业务进军海外，但全球化不意味着整个媒体间都要翻译。一份当地语言的企业基本信息的登录页，几篇新闻稿，一二个案例，恰当的当地联系方式通常足够了。

提供针对各种级别媒体理解能力的内容

为提高效率，许多组织的沟通人士特别针对对组织了解程度不一的各类记者定制不同的媒体间内容。有些记者以前从未写过你的公司，他们需要详细好懂的基本情况介绍。也有的记者或分析师同公司打了多年交道，与执行官们有私人交情，对公司情况、竞争对手和所在市场了解甚多。对这类人也要提供内容。也许他们需要对你的产品报价和竞争者对比，在这种情况下，他们需要公司的详细信息、特色、收益清单和顾客反馈。当然，所有记者都需要直达所需内容的便捷网站导航。根据我的经验来看，大多数线上媒体间不过是一堆新闻稿串起来的在线小册子而已。千万别让网络带来的机遇和你的线上媒体间擦肩而过。提供直接契合于对企业了解程度不同人士的内容，让记者们找到码字的冲动。

对记者产生正面影响的一大良方是当面交流。很多记者定期参加商展、会议等活动，利用这些机会与潜在写作题材的公司代表见面。要想让记者把你的企业写进日程表，最好的办法是告诉他们主管们会在哪里出现。在线上媒体间里另建一份日程表，列出适合公开的主管们日程，包括公开讲话、参加商展和会议或其他日程安排。确保所有适合的日程都公布了，记得别遗漏任何国际级会晤。至少保留旧目录几个月，以向人们展示本公司在行业内是受欢迎的专家，但一定要随时更新。别忘了，这些信息同样不只针对媒体。哪怕并不参加行业会议，你的买家们也看得到公司的活跃，看得到执行官们作为发言人和参与者广受追捧。这都加强了公司的可靠度和行业领导的形象。

为媒体提供特别服务是个好点子。最简单的特别服务是采访主管的机会。为什么不举办试用或演示活动，让记者测试公司的产品、参与公司的活动、体验公司的工作呢？你甚至可以专为记者制作带有注册表格和特别优惠的登录页。在线上媒体间的新闻稿和其他页面中加上登录页的链接，吸引有兴趣的记者登录。

报道你公司的博主会访问你的线上媒体间。你可以快速回复他们的询问、把他们加入新闻稿的发送对象、批准他们提出的采访高官请求，以此鼓励他们对公司进行报道。事实上博主很有影响力，并且很渴望得到和传统记者一样的尊重。这么做对你有好处。

我每周平均要读 100 多篇新闻稿。有些是希望被我在杂志、新书、博客或其他媒体上提到的公司寄来的。除新闻稿以外，我每周还要浏览不少线上媒体间的内容。不幸的是，大多数线上媒体间充斥着行话、无法理解的三字母缩略词和自我中心的胡言乱语。我对各个公司的动态很有兴趣，但我太忙，没工夫破解这些术语。**通常我对一篇新闻稿只有 10 秒的注意力，但要是你想确保我怒气冲天删除新闻稿，最好的方式是用我无法理解的方式写。**要是你的妈妈读不懂你的新闻，记者恐怕也不会。

面向记者、客户、博主和员工的线上媒体间

"在寻找接触媒体的解决方案时，我们遇到的一大挫折是无法及时将信息上传到公司网站，"新格勒无线公司（Cingular Wireless）媒体关系部高级经理克莱·欧文抱怨道，"我们通常先经过 IT 部门的程序，他们常常说，'没问题，下周三前一定放上网站'。但我以前是 CNN 的导演，我习惯了看到第一手新闻。因此不能立刻贴上新闻稿很令人沮丧。"

欧文设置线上媒体间的主要目的是直接控制媒体内容，这样他就能立刻把新闻稿上传到网站。"我们试图提供大量信息，"他说道，"媒体要的不只是新闻稿。他们需要图像，不论是高分辨率的还是网络流传的尺寸。他们还要情况说明书。所以我们花大量时间做在线新闻工具包。记者们在公司网站上找的不仅仅是新闻稿，还有其他有价值的内容。我们还重视页面关键词和短语的最优化，这样一来谷歌和其他搜索引擎能抓取这些信息。"

欧文建成公司的线上媒体间后，他发现报道无线产品和高科技小商品的博客大量使用这些内容。"你要能用不同方式吸引博主，因为博客上充满了各式各样的理念，"他认为，"所以我们向博主发送新闻稿，鼓励他们利用线上媒体间。"

新格勒无线的线上媒体间在 2005 年的卡特里娜飓风中受到了严苛考验。新格勒的服务区包括通讯困难的新奥尔良和佛罗里达等州。"这次经历的确让我们大开眼界，因为我们以前没意识到迅速在网上发布新闻有多重要，"欧文

说道，"这是互联网时代的第一次严重风暴。尽管我们每隔几小时更新一次页面，但还不能很快发出新闻稿。我参考了在 CNN 时的工作经验。随着越来越多的记者恢复网络连接，轮到我们及时传递信息了。我们必须'喂饱这些野兽'，只有通过可以直接发布内容的线上媒体间才能做到这点。通过 IT 部门肯定不会奏效。"

为让记者之外的其他各类人看到更新，欧文创建了新的页面，指向线上媒体间的特定页面 。"我们同客服部合作，为顾客专设网页板块，包括常见问题和免费热线号码，"他说道，"我们回答'假如这个月不能付账单怎么办？'等问题。我们还发现媒体间还是同身处灾区的员工交流的好工具。那真是需要非常途径的非常时刻，我们很高兴收到了他们的回复。"

根据网站统计，新格勒无线线上媒体间的普通访客明显多于记者。"我们知道许多客户发现了媒体间，因为在 2005 年 9 月 5 日，线上媒体间达到 1.8 万页的浏览记录。"他说，"在 2005 年 9 月，我们平均每天浏览量是 10 000；而在台风发生前的 8 月，每天的浏览量基本为 2 000。"

正如新格勒无线的案例显示的，所有公司都应有在紧急情况下保证交流进行的预案。尽管新格勒无线的媒体间访问记录有台风的因素，但还是让欧文发觉了一个发生中的趋势：客户在需要信息时，确实会想到线上媒体间。

简简单单的营销：RSS 订阅对线上媒体间的重要性

为提供另一种内容渠道，很多组织在线上媒体将中用数字传输方式让内容直达媒体和感兴趣的人士。数字传输方式包括了针对记者的电子邮件、博客订阅和 RSS 订阅等形式。聪明的企业用 RSS 轻松让潜在对象、客户、投资者及媒体了解近况，但懂得用这个非常简单的营销技巧来分享有价值信息的组织实在不多。

RSS 订阅选项能（而且必须）添加到企业网站的大部分页面。RSS 订阅的本质是订阅定期更新内容，许多组织把 RSS 订阅放在线上媒体间的主页上，把它当成传递新闻稿内容的首选。微软、IBM、英特尔等公司通过 RSS 订阅整合信息发送给媒体、华尔街分析师、客户、合作伙伴、批发商和转售商等特定受众群体。比方说，英特尔提供包括英特尔产品、英特尔新闻稿、英特尔投资者关系，英特尔软件、网络与公关、英特尔转售商中心和IT@英特尔(IT在Intel) 等订阅组合。它还提供针对不同国家的RSS订阅，包括巴西、中国、法国、德国、意大利、日本、俄罗斯等国家。感兴趣的人向英特尔订阅适合自己的企业动态，就和订阅主要报纸、杂志网站和独立博客一样，这有多酷啊？这个例子再次证明在线营销的本钱是以人们要求的形式向他们提供出色的内容。

　　线上媒体间是各界人士汇聚之处，而不只是服务记者。它是组织的网站上你能控制、不受干扰、无须审批和IT技术支持的一个地方。所以它是营销与公关人士让内容进入市场的极佳机会。在网上，内容就等于成功。而让内容进入市场的一个最简单方法，就是有RSS订阅的线上媒体间。

第16节

直达媒体的新规则

留意每位记者的文风和内容，阅读他们的报道，再为每个人撰写具体的针对性报道选题。或者从在博客留言或为他们提供有用咨询开始，和他们建立可靠的关系，你要成为他们关系网的一部分，而不是为公司传信的"托儿"。

网络让企业与记者、编辑的交流变得格外容易，但要用大家都知道的网络交流取得突破也变得愈发困难。现如今，通过订购记者数据库或直接用搜索引擎，你能在几秒钟内查到记者们的电子邮箱地址。不幸的是，太多公关人士还在不屈不挠地使用披着新闻稿外衣的广告，毫无针对性地不断轰炸记者们的邮箱。我不愿这么说，但在很多和我交流过的记者看来，公关已变成电子垃圾信息的同义词。多年来，公关人士把新闻稿和漫无目标的报道选题同时发给成百上千的记者们，根本不考虑各位记者的不同侧重点。他们这么做，只因订购的媒体数据库让事情变得太容易了。

🔍 **Point**

向大量记者无区别地倾泻公关材料，不是引起记者和编辑注意的好策略。

没有针对性的报道选题只是垃圾邮件

上文提过，每个工作日我会收到来自公关事务所员工和公司通讯部的几十份新闻稿、报道选题和通告。和记者一样，很多地方都有我的电子邮件：我写过的文章、我的博客、我的书里、《电子目录》杂志网站（我是长期撰稿人）。邮件地址唾手可得也意味着它被添加到各种数据库和记者们的名单上。我的电子邮件地址（未经允许）也被添加到许多公关事务所与公司整理更新的媒体联络目录上，结果他们无论何时、无论哪类的新消息都会发给我。呃，滥发式的公关毫无用处，更糟的是，它给你的组织烙上了"不规矩"的恶名。

好吧，坏消息到此为止。好消息是有效的"新规则"也是有的，这些新规则能让信息抵达记者手上（或屏幕上），使他们更乐意报道你。别忘了记者总在寻找有趣的公司、产品和理念来写。他们是想要找到你的。假如你的网站和线上媒体间里有精彩的内容，记者能够通过搜索引擎找到你。

试着相处是与记者沟通的良方，而不是单方面地发送垃圾邮件。留意每位记者的文风和内容，阅读他们的报道（要是对他们的博客也有所了解就更好了），再为每个人撰写具体的针对性报道选题。或者你可以从在博客留言或为他们提供有用咨询开始，和他们建立可靠的关系，而不是直接提出报道选题。你要成为他们关系网的一部分，而不是为公司传信的"托儿"。如果你或同事写的博客符合某记者的报道范围，请设法让他们知道，因为你撰写的博文可能成为记者以后写作时的主要参考材料。别忘了向博主提出报道选题。在热门博客被提到不但可以抵达买家，也让阅读博客的记者和编辑获得选题的灵感，理解市场前沿潮流。

媒体关系新规则

网络改变了媒体关系规则。要是你依然固守传统的公关技巧，我敢肯定那没用。为取得更大的成功，请考虑媒体关系的新规则：

◆ 没有针对记者本身的报道选题建议，对记者而言只是垃圾邮件。

◆ 发给不在记者负责版块内的新闻稿只是垃圾邮件。

◆ 确保那些不认识你，但正做相关报道的记者能在谷歌或 Technorati 上找到你。

◆ 如果你写博客，确保报道相关主题的记者能找到你。

◆ 在博客里提出报道选题，因为主流媒体也会关注重要博客的报道对象。

◆ 最近的新闻稿是什么时候发送的？确保及时发出最新的新闻稿。

◆ 记者们需要精彩的线上媒体间！

◆ 部分（并非全部）记者喜爱 RSS 订阅。

◆ 与记者建立个人关系很重要。

◆ 别告诉记者你的产品怎么样，告诉他们你如何解决客户的难题。

◆ 记者写博客吗？请阅读这些博客、发表评论并不断追踪（当你撰写主题相关的博文时记得提醒记者阅读）。

◆ 在给记者提出报道选题的建议前，要先了解对方的文字作品（或电台、电视节目）！

◆ 一旦获悉某记者对某事感兴趣，给他发去为之量身定做的报道选题。

> **🔍 Point**
>
> 别告诉记者你的产品怎么样，告诉他们你如何解决客户的难题。

博客与媒体关系

提高博客曝光率越来越重要。这种方法不仅能抵达买家，还能抵达主流的行业媒体，因为记者和编辑会通过阅读博客寻找选题灵感。请像对待有影响的记者那样对待有影响的博主，阅读他们的博客，然后发送他们可能用得到的针对性信息。你可以考虑安排他们同公司高管会面，向他们提供产品演示或样品，或者邀请他们共进午餐。

"细分市场的公司或产品很难获得《华尔街日报》等大型刊物编辑的青睐，但报道对应细分市场的博主会对你感兴趣，"为公司、金融机构和政府部门提供博客内容整合的新闻线（Newstex）公司总裁拉里·施瓦茨说，"假如你在新科技产品业工作，那么更重要的是让Gizmodo(著名新科技产品博客。——译者注）提到你的产品并附上链接，而不是在《华尔街日报》上被提及。人们越来越多地通过博客寻找产品，所以你的主页也会有从各个博客的链接点击而来的访客。过去决定销售的关键时刻是人们在商店找到你的商品时，现在则是博客提供你的网站链接时。"

但更有效的方法是自己创建博客，让其他博主和记者发现。"写博让我在媒体圈子里脱颖而出。"研究与分析企业肖尔公关有限责任公司的总裁约翰·布洛瑟姆指出。布洛瑟姆从2003年3月开始写博客，内容涉及企业出版和媒体市场。"我的博客出乎意料地让我多少成为了新闻人物。我的博客被一些知名博主提到，这使我认识到写博是曝光的好办法，因为被提到后名气增长之快太显著了。报社读到我的博客后联系我要求引用。有时没和我直接交流的记者也引用我的原话。例如《金融时报》的一位记者在报道中引用了博客中的原话。"

如何向媒体提出报道选题

营销人士都知道让公司、产品、高官们出现在出版物上就是最好的营销。这就是每年有几十亿美元花在公关上的原因（尽管我认为这些钱大都付之东流）。当你的企业出现在报道上后，不仅你直接抵达了出版物的受众，而且你以后可以在网站刊出文章，让网上的潜在顾客看到。媒体报道代表着可靠。我说过向媒体群发信息毫无作用。但有时你真的要的是针对具体的出版物(如家乡的报纸)，那么你该怎么办呢？

◆　每次只针对一名记者。花点时间读他的作品，再撰写具体的、有针对性的报道选题，这样效果极佳。在文中提到他写过的特写报道，然后解释为什么认为他会对你的公司或产品感兴趣。记得在电邮的标题写清楚你的目的，以保证邮件会被打开。最近我收到一家提供网络销售情报及管理系统的公司为我量身打造的邮件。他们的公关人员读过我的博客，了解我的兴趣，因此我几分钟内便回信，约定同公司首席执行官面谈。

◆ 帮助记者理解宏观图景。有时候要了解一些小产品、服务或企业该如何适应全局趋势真有点难。假如你能描述清自己的某个产品或服务在行业的宏观图景中的有趣之处，记者的工作就容易多了。这样记者在撰写行业未来趋势时，也许会记得写你一笔。

◆ 解释客户怎样用产品与企业互动。记者们从公司发言人那里听过无数次产品使用说明。但管用得多的方式是让真正的产品用户来说明。如果你能安排记者和用户做访谈，或提供产品或服务的书面案例分析，会大大方便记者写稿。

◆ 除非对方提出要求，否则千万别用电子邮件附件。如今很少有记者会不明就里地打开附件，哪怕是来自知名公司的邮件。不过很多公关人士还是通过附件发送新闻稿。千万别这样做。发纯文本的邮件就行了。要是记者提出需要其他信息，你可以用附件附上，但一定要在邮件中明确说明发送的内容和原因，让记者记起提过此要求。

◆ 及时提供有效的联系方式。最近我同意会晤某大公司的高级执行官。一位热心的公关人员在做安排，我们对会晤的日期和时间达成了一致。但我从未在电子信箱里收到对方承诺提供的进一步情况，包括执行官的电话号码。不用说，会晤泡汤了。记得要遵守许诺，进一步联系。

◆ 别忘了交流是双向道，记者们希望你提供报道选题！底线是他们要知道你想说的究竟是什么。令人遗憾的是公关行业的垃圾邮件的习惯如此普遍，因为这让记者的工作更加困难。

170

我最近的经历可以作为最后一点的注脚，我在最近的会议上结识了一位公司执行官，他对新趋势的看法给了我的专栏一个很棒的点子。我喜出望外，因为这点子让我的日子好过多了。专栏的选题令人挠头，我需要一切能得到的帮助。执行官所在公司正符合专栏的构思。于是我用他们的产品作为反映趋势的例子。没有那次交谈，那篇专栏很难写成。——不过直接的产品推销没有用。记者们要的是能帮助我们完成工作的好点子。拜托了。

"公关人士能做的最有效的事，就是读过我的文章后，针对我会写的内容提供我有针对性的聪明报道建议。"《波士顿环球报》的财经记者彼得·J.豪指出。豪在报社供职20年，最近7年报道远程通讯、互联网、能源等领域；最近开始报道航空公司。豪最喜欢的报道选题类型是用电子邮件通知，而且写清标题，不会被当做垃圾邮件。他又说："'发给《波士顿环球报》记者彼得·J.豪的公关建议'这样的标题倒是最能让我注意到的方式。如果你和我一样，每天收到四五百份邮件，装腔作势的标题是毫无作用的，事实上那样一来报道选题很可能会被当成垃圾邮件处理掉。"

豪对公关的最大不满在于，许多人在给他发报道建议前根本不清楚他擅长写什么。"你要是把'《波士顿环球报》记者彼得·J.豪'输入谷歌的新闻搜索，读完前10篇报道，你就比98%发通告给我的公关人士做得多，"他直言不讳，"那些公关人士真是疯了。他们根本分不清《波士顿环球报》与《网络世界》(Network World)、《RCR无线新闻》(RCR Wireless News)和《傻瓜镇每周新闻》(Nitwitville Weekly News)报道范围的差异。我不是想像流行天后那样抱怨，问题是在提出报道建议前，你根本不了解我的写作范围或风格的话，其实是在浪费你自己的时间。"

豪还鼓励人们眼光放远些。"要是你建议报道的是小事，那也可以。但你也该构思更大篇幅的报道，够得上一个整版或周日版封面特写的故事，"他说道，"那样的篇幅意味着你的一些竞争对手可能也会被提到，不过你是愿意在头版特写被提到，还是在120个字的简要新闻？"

无疑，主流媒体仍然是买家了解产品的主要渠道。除了让人们了解公司、产品或执行官姓名外，主要出版物上的报道也提高你的可信度。

第 17 节

通过博客联系顾客

> 刚开始写博客最好选择较窄的话题，留下扩展的余地。博客内容必须可信，人们阅读博客是为了寻找诚实而热情的讨论。如果尖锐或引起争议不是你的风格，就不用勉强那么写。要是你写得有意思，提供了有价值的信息，读者群自然会扩大。

博客是现今企业向市场推广概念的主要媒介之一。博客的读者把高明博主分享的信息视为真实可信的交流。观众对广告持怀疑态度，把首席执行官们的豪言看做脱离现实。但是无论大小公司、教堂还是政治运动团队，写得好博文，都会引起关注。

同时近年来关于博客里的炒作也不少。商业杂志时不时刊登极度热情的称颂文章，宣称博客和写博具有改变商业的强大力量。我完全同意博客能改变生意和生活，但对没写过博客的人而言，它还是带点神秘感。本节将讲述写博客的基本要点。我推荐**你在动笔写博客前先仔细研究自己行业里的博客，然后针对几篇博文发表评论，以此为契机进入博客圈**。你可以翻回第4节对博客的介绍和成功博主们的案例研究。当你在他人博客留言时，你会树立起自己在博客界的形象，并了解何谓在线讨论。很好！你是在他人的地产——博客上作实验。一般来说，你很快就会心痒难耐，打算建立博客了。要是觉得发表评论是件苦事，那你也许不适合写博客。那也没什么——看博客的总是远多于写博客的。不是人人都适合写博客。

我不可能在本节里告诉你写博的一切。案例研究和基本要点当然是很好的开始，然而你的最佳选择是尝试找到自己的风格。读读别人的博客，看看喜不喜欢博主的风格。有空的话可以看看戴比·韦尔（Debbie Weil）出色的著作《公司博客宝典》（*The Corporate Blogging Book*）。

你的博客该写什么？

人们经常为博客主题举棋不定，营销与公关人士尤其如此，因为我们一直被教导，要记得在信息型广告和新闻稿里推销产品和服务；而对大多数组织来说，以这种心态写博恰恰是错误的。你向自己提的第一个问题应该是：“我想引起哪些人的注意？”很多人的答案会是买家、现有客户，或者有影响力的人，例如分析师和媒体。你需要找出有热情的主题。如果你对选择的主题没有感觉，或者写得很痛苦，就不太可能坚持下去。即使你勉强坚持，也写不出自然的文章。

许多首次涉足博客的博主涉足过广。**刚开始写博客最好选择较窄的话题，留下扩展的余地。博客内容必须可信。人们阅读博客是为了寻找诚实而热情的讨论。如果尖锐或引起争议不是你的风格，就不用勉强那么写。要是你写得有意思，提供了有价值的信息，读者群自然会扩大。**

堪萨斯州专攻家庭与离婚案件的律师格兰特·D. 格里菲思从 2005 年 3 月起开始写博客。“通过法律行业的工作——也许在其他行业也是这样——，我学会了必须准确针对客户。”他说。他的博客是为非常具体的买家角色写的。“我不是为别的律师写博客，而是为公众而写。更具体点说，我是为堪萨斯州需要家庭案件律师的人而写。我的实践博客就是我的店面、我的招牌、我的执照、我的报纸和黄页广告。”

自 2005 年 8 月起，格里菲思平均每周收到几十个通过博客发现他的潜在客户的电邮问询。“我平均每周通过博客上得到两三个新案子，”他说道，“假如你在搜索引擎键入任何与堪萨斯州和家庭案件律师有关的词，我的博客总是位于第一页前几项。去年我停止做电话黄页广告。通过和其他律师交谈，我了解他们认为不做黄页广告的想法很可怕，因为担心不做会接不到生意。没了黄页广告这种传统营销，他们感到自己不像真正的律师。"

博客搜索引擎 Technorati 在编写的"博客的状态"报告中宣称它追踪的博客截至 2006 年 10 月已经有 5 700 万个（还在不断增加），并且每天诞生的新博客约有 10 万个，这意味着即平均每天的每一秒诞生 1 篇新博客。这是相当激烈的竞争，你该问问自己参加这场竞争是否值得。回到第 2 节讨论过的长尾理论。如果你写的是细分博客（如关于堪萨斯家庭律师的博客），那当然你不是和 5 700 万个博客在竞争。你写作的领域即便有其他博客也不很多，但你肯定会找到对此感兴趣的访客，如果你有很小的细分市场，你所写的也许仅仅有几百人感兴趣。然而你找到了正确的读者，那些人真的对你和你的组织所说的感兴趣。

写博的道德准则与员工写博指导

有些组织为写博客的员工制定了官方的指导方针。你的组织应根据情况决定是否制定类似方针，并且该决定应根据营销、人事和其他部门的看法而定。我觉得，组织最好确立覆盖所有交流途径的整体方针（包括口头交流、电子邮件、参与聊天室等），而不光是盯住博客这样的新媒体。我坚决认为公司能够而且应该就性骚扰、贬低性竞争、透露公司机密等情况制定政策，而没有理由为不同媒体制定不同政策。一旦政策确定，员工便只能在允许范围内撰写博客。不管你决定由谁主笔、规则如何，博主最好避免通过公关部或法务部发布文章。要是博文在发布前必须先由组织里的其他人审阅，那么先请同事看看内容而不是具体语句。千万别让组织里的其他人把你可信而充满激情的作品改成另一种形式的营销吹嘘。

咱们来谈谈道德准则。各类违反道德准则的行为在博客里时有发生，你和组织必须为博主的行为负责。有些组织因为博客上违反道德准则的行为声誉受到严重损害。我列举了需要注意的事项和各种违反道德准则的例子。这不是囊括全部情况的清单，而是启发你思考道德问题的起点。

◆ **透明度** 你决不能装做是别人。例如，不要用马甲在任何博客上（无论自己或别人的）发评论，写自己公司的事情记得提一笔公司已经批准你这么写。

◆ **私密性** 除非得到许可，否则不要将透露给你的事写上博客。例如不要在没有许可的情况下将别人发给你的材料贴上博客。

◆ **公开化** 公开解释任何读者可能认为假公济私的情况是很重要的。例如我在博客中写到某公司的一种产品，而该公司是我的一个咨询客户，我就该在句末披露这层关系。

◆ **真实感** 不要撒谎，比如决不能为制造有料的博文而编造客户按钮。

◆ **可信度** 你应该注明博文中引用的其他博客(和其他渠道)内容。例如不能把在他人博客读到的好帖改掉一些措辞后号称是原创的。请链接那些给予你启发的博文的地址，这样不但是遵循道德准则的行为，也给那些博主看到你的博客的机会（这里指的是用引用通告，本节下文有介绍。——译者注），他们也许还会反向链接你的博客呢。

再说一遍，这不是全部的清单。口碑营销协会（The Word of Mouth Marketing Association）制定了《博主道德准则指南》（*Ethical Guide for Bloggers*）。我建议你阅读并遵照那些方针。你还要遵循自己的直觉，如果你觉得要发表的内容很可笑或令人不自在，那它可能在道德上不合适。你老妈对那篇帖子会怎么说？要是她说有问题，那恐怕真有问题，那就别发了，一定要做正确的事。

写博基础：起步须知

不同于需要版式设计和 HTML 知识才能运行的网站，只需好上手的现成软件就可轻松建成博客。只要一点基础的专业知识，你就能快速便捷地建立并宣传你的博客。下面是必须牢记的特别提示：

◆ 开博前，仔细斟酌博客的名字及主题，它们会被搜索引擎编入索引。一旦确定，再要修改就很困难了。

◆ Bloggers、TypePad、Word Press 等网站提供容用的写博软件。有些服务是免费的，有些需缴纳小笔订阅费。请搜索各种服务的解释，并根据自己的需求作出明智选择，因为中途转换服务很难避免丢失已写文章。一旦你的博客被搜索引擎编入索引，或是人们订阅了 RSS、把网址放入书签，再更换软件是相当费力的。

◆ 你得为博客选定网址。博客服务提供商都提供可定制的网站地址（如博客名.typepad.com）。你也能把博客放在公司的主域名之下（如 www. 公司名.com/你的博客）或者采用独立域名。

◆ 写博软件让选择色彩、版式、字体、创立简单的文本题头变得轻而易举。你也许可以考虑用定制的图像作为刊头，这样很容易设计，也更吸引人。

◆ 请在开始写博前微调各种版式，试发几篇帖子。建议你前几个星期的博文设定口令保护。这样可以先同几位朋友和同事分享，并在正式公开前作出修改。

◆ 博客的外观和感觉可以是与公司网站设计的指导方针形成互补，但不应该相同。博客最好与公司网站的外观略有差别，以向读者表明博客是独立的声音，而不是公司代言人。

◆ 写博软件往往允许你开启评论功能，允许访客回帖。有几种选择可供考虑。有人喜欢关闭评论功能，也许这对你是正确选择。然而博客中最令人激动的事情之一就是访客对你博客的评论。根据写博软件的不同，你也许有进一步的选项，可以选择公开评论（访客的评论无须博主批准就能显示），或者选择每篇评论在显示前需经过博主批准的系统。许多博主采用批准功能来监控不得体的评论。不过我鼓励你允许任何与你唱反调的评论，因为争论是精彩博文的一大典型象征。不幸的是，博客圈被垃圾评论的问题所困扰。为防止自动评论程序摧残你的博客，有些评论系统要求人们在评论前输入验证码（我采用此方式，效果很好）。

◆ 大多数博客有引用通告的功能，即当他人在自己博客引用你博文时发送给你的信息。引用通告等于告诉你的博客读者："嗨，如果你在看这篇文章，你可能会对另一篇博客的相关帖子感兴趣。请点击此处。"就此意义来说这和评论差不多。和评论不同的是，其他博主可以在自己的博客上发表文章并把引用通告发给你，这样你的读者就知道了她。我建议你设置成引用通告需批准后才能显示。

◆ 要注意你为博客选择的类别，在每篇帖子上添加 Technorati，Digg 和 del.icio.us 等社会媒体服务的标签。

◆ RSS（简易信息聚合）是适合多数读者的标准信息传送格式。请确保你的新博客具有 RSS 功能。大部分写博软件服务具有 RSS 订阅这个标准功能。

◆ 设立一个"关于我们"页，包含博主的照片、生平、联系方式和博客情况。人们首次造访博客时，往往想了解博主，因此提供背景资料很重要。

◆ 鼓励人们同你联系，让人们能容易地在网上联系你，记得亲自回复粉丝邮件。如果你让联络变得便捷，你会收到大量询问、问题和称赞，偶尔也会有贬低。由于垃圾信息这个严重问题，很多人不愿公开邮件地址。但垃圾邮件中主要来自自动识别邮箱地址的程序，为了跨越这障碍，请把电邮地址写成人可以理解而机器不能的形式。例如我的网站上的电邮地址是这么写的：david (at) David Meerman Scott (dot) com。

装饰你的博客

我女儿要在 2006 年 9 月升入八年级了，在开学之前，她花了整整一个星期装饰要在学校用的活页夹。所有酷女孩都这么做。她们在标准的塑料三孔活页夹外面贴上照片、贴纸、歌词及零碎的小玩意。她甚至还留出一块地方，用于每天早晨更新今日名言。活页夹里面是她特制的分页标签，以及放置钢笔、量角器及其他工具的口袋夹。

我想好的博客也是一样。一个装饰到位的博客能显示博主的个性。我给自己的博客加了许多很酷的物件。最上面是请朋友设计的刊头。在 TypePad（我的 Web Ink Now 博客的服务提供商）上，如果你的博客宽度是 800 像素，那你最好请人设计成宽 770 像素、高 100 或 150 像素的图像，TypePad 会自动添加边界，并代替原本纯文字的题头。其他博客软件也支持图像刊头，尽管具体要求和实施方式不尽相同。

在我博客左右的边栏里，我放上了我的著作的封面图，连接到亚马逊书店。因为那些链接计入我的亚马逊推广项目账户，我从通过链接卖出的每本书上抽取少许佣金。（嘿，这不是什么大钱，但每隔几个月还是能让全家出去享受一顿不错的正餐。）此外还有我的个人主页和我的其他作品的链接，如关于我收藏的阿波罗宇航计划系列手工艺品的博客、我的 Squidoo 主页面（Squidoo 是一个带有 Digg 功能的 Web 2.0 网站。——译者注）。通过 Technorati，我向那些主动链接到我的博客加上链接。通过图片链接，我把读者链接到我为《电子目录》杂志写的文章，链接到整合了我博客的 Newstex 博客点播服务（Newstex Blogs on Demand）以及与我有关组织的主页。最后，我还为想用 RSS 订阅博客的读者提供 Feed Burner 订阅选项，为想用电邮订阅博客的读者提供 Feed Blitz 的电邮新闻报选项。

博客的缺点之一是帖子按时间倒序排列（首先现实最新的帖子），意味着你上个月或去年写的不少好文章会不易找到。所以我在博客上放置了方便的导航链接，让人们很快发现好文章。比如我创建了"本站最佳"的版块，收录了最受欢迎的一些帖子、最近评论和分类导航的链接。

装饰博客很容易。只要你花上几小时的工夫，就可以搞出我青春期的女儿也会认可的漂亮的博客。当然，博客供应商的标准模板一开始也能用。但你一旦开始认真地经营博客，通过链接、图像、题头、照片和其他添加内容凸显博客的个性就很重要了。

为你的新博客争取读者

当你发表前几篇博客后，你听到的可能是可怕的石沉大海。你期待着评论，却一篇也没有。你查看网站的统计数据，却失望地发现只有几名访客。别为此灰心丧气，那很正常！建立起读者群需要时间。刚开始写博时请确保人们知道有这么个博客，知道地址是什么！请在主页、产品页面或线上媒体间上创建博客的链接。在电子邮件或纸媒体业务通讯上提及你的博客，把博客写进你和同事的电子邮件签名档。

好消息是，那些定期更新的博客能在搜索引擎得到较高的排名，因为谷歌、雅虎和其他搜索引擎的算法有利于更新频繁的网站和博客。只要你坚持更新一段时间，就会赢得相当数量来自搜索引擎的流量。我通常每周发表三四篇文章，一般有 100 个来自搜索引擎的访问。为保证博客被正在搜索你的潜在买家发现，请确保文章内容符合他们的兴趣，使用他们搜索时会用到的短语（如果想了解如何分辨买家会用哪些短语进行搜索，请读第 10 节）。精明的博主了解搜索引擎，并用博客直达受众。

在别人的博客发表评论（附上博客链接）是培养读者的好办法。要是你评论（和引用通告）的博客与你主题一致，你会惊叹于访客光顾之快。博客界有个奇特的礼仪，博主们在现实中为业务争得你死我活，在网上却非常合作，链接有来有往。这有点像在同一条街上卖汽车的，因为亲近对每个人都有好处，所以大家会一起协作。

你的客户、潜在客户、投资人、员工，还有媒体都在读博客。对商人而言，用博客向买家讲述真实的案例无疑是一种很好的形式。但在博客培养读者群需要时间。大多数博客服务器提供统计流量的工具。你可以利用那些资料来分析哪些帖子最吸引人。你还可以了解访客从何处链接而来，通过什么词语搜索而来，用这些信息不断改进博客。重申一遍，请像出版人那样思考。

标签，你的买家就是标签

目前的博客数量已有几千万个，几乎任何主题都有小众博客存在，所以在博客中迷路不足为奇。道理很简单，找到有兴趣的博文并不总那么容易。最近，我的一位同事想买新轮胎。他没有直接去当地本店任由销售员摆布，也没到轮胎制造商的网站上乱找，而是直接登录某博客搜索引擎，看看人们怎样议论轮胎。他输入了关键词"轮胎"，当然他没几下就找到几篇关于购买轮胎的有用博文。但同时他也遇到一堆无用的干扰信息，如对最近纳斯卡房车赛使用的轮胎的分析，对高速公路两旁垃圾的抱怨（提到了丢弃的轮胎），甚至关于中年人的"腰间赘肉"（腰间赘肉和备用轮胎在英语中是同一个词spare tire。——译者注）。

问题恰恰就在这里——我是说搜索结果里的错误网站，而不是中年人缺乏锻炼啊。博客搜索引擎 Technorati 为此开发出标签功能，让博主为帖子的话题再分类。使用此功能时，博主只需为每篇博客设置一组元标签 (meta-tags) 的标签。如果有人想找轮胎的博文，他可以登录 Technorati 搜索标签"轮胎"，而不是搜索关键词"轮胎"。这样浏览者比搜索关键词更接近要找的内容。

从博主的角度看来，增加标签可以提高博文分类的正确性，继而让更多人看到，因此付出的额外精力是值得的。举例来说，我把每篇帖子加上适合的类别，如"营销"、"公关"和"广告"。每天有新访客在搜索这些标签时造访我的博客。

向北美以外的读者写博

人们常问我的博客在其他国家的状况。他们想知道我介绍的营销方式能否在那里奏效。特别有很多人询问我在欧洲和亚洲，博客是不是营销与公关的好办法。我无法担保每个国家都如此，但我敢说在网络接入普及化的国家里，写博是全球现象，各国的诸多博主在全球写博团体中异常活跃。我收到过约 40 个国家博主们的链接和引用通告。当你收到来自俄罗斯、芬兰或泰国的评论或链接时，那感觉太酷了。

北美以外博客市场的活跃还有另一明证。除了美国，TypePad 还向英国、日本、法国、德国、荷兰、西班牙、意大利、芬兰和比利时提供服务。而博客搜索引擎 Technorati 更是有着英语、法语、德语、意大利语、汉语和朝鲜语版本。我妻子渡边勇香·斯科特撰写日语小说、杂志稿件和非赢利书籍，她通过博客联系在日本的读者。这种技术特别重要，因为她的读者与我们所住的波士顿相隔几乎半个地球。

我最爱读的博客之一，是澳大利亚悉尼的出租车司机阿德里安·尼兰（Adrian Neylan）写的《出租车日志》（Cablog），一个充满欢笑的故事集。这就是博客的魅力所在：给一个普通人向全世界发出自己声音的机会，让他成为超乎常理的国际媒体明星。尼兰把后座乘客的有趣故事同网民分享，用逗人发笑的方式讲述可能发生在我们身边的小事，尽管他的大部分读者隔他有几个时区之远。我去过悉尼 20 来次，我可以明确告诉你，下次再有机会去那里出差的话，我一定雇佣尼兰送我去目的地。

谈到真正的成功国际博客案例，不得不提林纳斯·西莫尼斯（Linas Simonis）。这位立陶宛营销咨询师于 2005 年 4 月创立了该国最早的商业博客之一。立陶宛商界几乎是立刻对此产生了反响。"当时立陶宛人根本不知道 RSS 是什么玩意，所以我在博客上加入了电子邮件订阅，"西莫尼斯回忆道，"第一年末我有了 400 名订阅者。要知道立陶宛人口不足 350 万，这等同于在美国有 4 万名订阅者。"

商业报纸也对他的博客给予重视。"由于博客的影响力，我的发言如今常作为定位与营销专家的意见被引用，"他说道，"记者会打电话给我，不是因为我向他们发过报道选题，而是因为他们读过我的博客。以前我确实发过报道选题，但都未成功。直到我博客上的新闻被媒体选中并广泛采用。博客上的一篇《立陶宛如何定位》赢得了在主要电视频道黄金时段的两次报道、全国最大的电台的采访和几十家平面媒体的转载。所有这一切都不是出自我这边的努力，没有任何推荐，仅仅是因为博客的出众内容。"

西莫尼斯的案例中真正引人注目之处是博客触发的新商机。"开始写博客3个月后，我所在的公司不再需要打推销电话招揽新生意，"他说，"博客和公司网站收到的需求如此之多，以至于不必主动出击新客户就会蜂拥而至。我写博客后不久就被会议组织者聘用去作演讲、参加研讨会，还接到大学给学生作报告的电话邀请。"西莫尼斯开始在立陶宛为几家希望建立博客的公司客户作咨询。他还开设了英语博客，作为撰写 Web 2.0 世界的定位战略的论坛。

你还在等什么？

每位同我谈及写博客的人所说的都是同一样东西（只是方式稍有不同）。刚开始时他们多少有点不自在。他们觉得有点傻，因为不清楚各种不成文的规则。有的人甚至害怕按下发出第一篇博文的按钮。这些我们都经历过。在迈出这步前，别忘记第 4 节所介绍的要点——应该先看看一些行业里的博客。那些博客有什么是你欣赏的？什么是你讨厌的？有哪些细节你会采取其他方法？在你下海创立博客之前，你可以通过在别人博客上发布评论来试试水，以此试试看你文风得到的反响。要是一切顺利，就可以正式开始写博客了。当你真的着手写博客后，记得把地址发过来让我看看哦。

第 18 节

轻松制作播客与视频

> 别忘了在网站上、电子邮件签名档、名片和小册子等
> 线下材料上加上播客地址。另外有重要节目时，记得发新
> 闻稿提醒人们收听。

制作营销与公关用的音频和视频内容时，也要和本书介绍的其他方面一样重视选择契合的主题。这意味着需要向买家传递与他们生活有关、与他们的问题有关的体贴信息。这样一来，你为你所在组织打造了精明、理想的交易对象的形象。不同于文本内容为主的博客或新闻稿，音频和视频需要一定的投资，用于购买话筒和摄像机等额外软硬件。假如你想达到较高的制作水平的话，还需花一定时间在后期编辑上。虽然播客和视频制作的程序比创建博客要复杂些，但也还算不上困难。

播客入门

播客是可以订阅的音频内容，这样人们就可以定期收到更新。解释播客的最好比喻是电台节目，不同之处是这节目可以便捷地下载到电脑或 iPod 等移动装置上收听。开始一档播客的设备从只需几百美元的低端产品到上千美元的专业音响水平都有。假如你想把节目存档放在网络空间提供商的服务器上的话，需要每月付月租费。

你该从哪里开始呢？"最重要的是准备节目，"时长10分钟的新闻、对话及娱乐节目M秀的制片人约翰·J.沃尔这样认为，"除非你是即兴发挥如鱼得水的类型，否则一定要事先拟好广播稿。这样节目听来会流畅得多。"我自己没有播客，但作为经常做客电台和播客的嘉宾，我同意沃尔的说法。我参加过的效果最好的节目，是那些对话者对材料烂熟于胸的节目，主持人会事先同我探讨所提的问题，让我有所准备，而且他们在对话过程中也更能保持专注。

以下是制作播客中的注意事项和技术问题，从准备广播稿开始。为在建立你的播客节目前真正了解各种细节，你最好找一本详细介绍播客的书来读，如蒂·莫里斯和伊沃·特拉撰写的《专业播客实践指南》。

◆ 节目准备包括寻找选题和写稿。要考虑你的买家个性和他们会感兴趣的讨论。如果你计划采访嘉宾，记住念对他们的姓名（别笑，这是常犯的错误）、头衔、所属单位及其他信息。播客少不了要为嘉宾介绍生意，所以请提前了解要提到的网站或产品。

◆ 在电脑上录制节目是通过话筒（有各种款式可选）把声音传输到电脑的。你需要广播霸王这样的播客软件作为创建和发表播客的平台。

◆ 如果你是要出门跑稿子的记者，需要在会展采访人，或同世界各地的员工交谈，那么移动录音设备是必需的。包括iRiver在内的许多公司生产此类设备。

◆ 电话采访需要有数字录音开关装置，比如特洛斯系统公司生产的那种，还附带连接上电话的功能。

◆ 编辑音频是可选的步骤，你当然可以直接上传录好的文件。如果你想把录音处理得干净些，可以小幅编辑（去掉啊、呃等语气词及其他听得到的停顿），也可以大幅编辑（例如去掉最后5分钟采访）。许多播主把不同的录音片段组合成一台节目。苹果公司的"车库乐队"软件包含专业电台的诸多音频处理功能，使编辑更容易。

◆ 后期制作有时还包括降低噪声的步骤（如去除背景中烦人的空调噪声）和音量平衡（统一不同时间和地点的录音片段的音量）。

◆ 为音频加标签是一个重要的步骤，但却常被忽略或草率地处理。该步骤包括在音频文件上添加文字介绍，让人们更容易发现它。文件信息会出现在搜索引擎和 iTunes 这样的音频中心。你的标签也会显示在听众的 iPod 上。别忽视或跳过这一步骤。

◆ 音频文件的托管和发送是确保人们能轻易收听到播客的必需的步骤。"自由同步"等服务器提供音频档案的空间，并会整合发送给 iTunes 这样的分发网络。

◆ 宣传是确保人们发现播客的基础。如果你制作的是谈话节目（此类节目起步容易并能做出精彩内容），要确保提供所有节目嘉宾的相关链接。很多人会帮忙宣传自己做客的节目。你还能联系其他同样主题的播客，因为为了宣传，短暂地带上耳塞做客其他博客也不罕见，这也是争取听众的好办法。别忘了在网站上、电子邮件签名档、名片和小册子等线下材料上加上播客地址。另外有重要节目时，记得发新闻稿提醒人们收听。（见第 14 节）

◆ 几乎所有播客都有配套博客，用于讨论每期节目。采用配套博客的重要原因在于文本会被搜索引擎编入索引，促使更多人订阅播客。博客还允许主持人为每期节目编写文字介绍，提供节目嘉宾的博客和网站链接（这样听众在收听前对节目内容有个大概了解）。大多数把播客作为营销工具的组织，也通过公司网站的链接、产品说明或免费试用，发挥其引导人们进入销售流程的功效。

"你可以在 1 个月以内就准备好经营你的新播客，"沃尔表示，"理论不难，但要花些时间研究各种软硬件。圈子是很有用的，能确保让其他播主知道你有一档新节目，因为博主们经常互相客串。"

185

创 新 案 例

博客居然帮助发放出数以百万计的学生贷款

"学生贷款网"（The Student Loan Network）是一家成立于1998年前后的学生贷款公司创立的网络学生贷款公司。该公司是一家主要的学生贷款放贷方，每年放贷款约1.5亿到2亿美元。其网站作为出色的在线的学生贷款和理财指南，通过提供学生贷款建议和服务直达学生与家长。尤其有意思的是其"学生贷款播客"（Financial Aid Podcast），这档博客每周有6期，可以在iTunes和其他播客发送和订阅服务上获得。

"我们一直在寻找自己在网络上的竞争优势。"学生贷款网的首席宣传师兼播客主持人克里斯托弗·S.潘恩宣称。通过讨论信用卡、留学生问题、私人学生贷款和奖学金等话题，他的节目帮助学生们（和一些家长）更好地负担大学费用。潘恩有时也会谈年轻人感兴趣的其他金融话题。这是第一个，也是迄今最成功的针对大学新人的学生贷款节目。"当代美国社会以各种方式围绕着钱运转。我越是研究，看得越多，就越懂得，"潘恩在播客配套博客的个人简况里如此写道，"金融、经济这样的问题非常重要、非常值得去理解，正是这促使我每天更新播客。每天我在金融的拼图上添加一块图版，我和听众对于世界运作的方式又多了一分了解。"

"金融援助播客的听众主要是想考大学的人、在校学生或毕业生，"潘恩说道，"对我们来说申请大学贷款的群体的一个有利之处是都有iPod，这对播客来说是最理想的营销工具。"因为潘恩理解针对的买家角色——年轻人，他能以可信的、有共鸣的方式同他们交流。潘恩清楚对他的顾客群体而言播客是最完美的交流方式，因为已经有那么多人收听播客、拥有iTunes账户。

"播客是很好的营销，因为和博客一样，它传递人性化的观点，"潘恩认为，"大多数播客没有公关的味道，节目很个人化。博客让人产生兴趣的原因在于目前市场的大幅转移。老式的传统广告模式就是我们发表内容，观众消费内容，就像是20世纪50年代的电视广告。**如今的营销模型是我们发表内容，观众回应内容。这样的模型为我提供了真人的真实反馈和对话的机会，让我能与他们互动。"**

潘恩看到了营销与客服之间的清晰的连接。他建议客服应该像出色的营销一样真实、可信、人性化。"已经没有'照本宣科'这回事，"潘恩指出，"客服不再只是回复问题，而是要作为对话的一分子。我觉得那些如今还不以博客、播客等形式与客户互动的公司所持有的形象和史前生物差不多。有些行业和播客是天造之合，可他们就是不明白。比如我认为房产中介可以用视频播客达到奇效，但很少有人这么做。如果公司有客服部门，你需要做这类营销。"

潘恩对受众进行研究，并作为调整节目的依据。"播客没有固定时段，"他解释道，"你可以带在身上随时收听。我的节目每期约18到24分钟，因为24分钟是上下班平均用时，18分钟是美国人人均注意力保持时间。"潘恩看待竞争的角度很有趣。他说自己在同每一位播主竞争，因为听众每天只有24个小时。

潘恩发现把听众引入公司的销售流程的最佳方法是在节目里提及相关网址。但他又很快指出节目不是销售广告。**"播客不是立竿见影地带来生意的渠道。我们是真实可信的。我们想帮助顾客，做对他们有用的节目。"**他宣称。不过通过公司的宣传资料，潘恩了解到他通过播客促成了超过1 000万美元的贷款。"那可不是笔小钱。"他说。

谁能想到播客居然能帮助卖出上千万的学生贷款？潘恩所清楚了解的是他的买家角色——年轻人——都是活跃的播客听众。潘恩开设"学生贷款播客"的决定显然得到了回报；你呢，是否错过了类似的机会？

视频与你的买家

有些组织提供的产品或服务与视频有天然联系，他们很自然地成为以视频来营销和介绍产品的先锋。例如许多教堂定期把每周活动视频贴上网，让任何人都能在线观看，以吸引更多人参与。很多业余或专业运动队、音乐家和剧团也用视频作为营销与公关工具。

公司利用视频进行网上营销还是个新概念。与视频没有天然联系的组织需要一段时间才会接受这个概念，就像接受博客时一样。有些公司正在试验这个概念，通常采用在现有博客中嵌入视频的方式（一般是上传到 YouTube 的视频）。我开始在公司博客上看到 CEO 演讲或产品演示的视频，但依旧不多。车库技术投资公司执行经理盖伊·川崎偶尔在博客上使用视频截图，效果极佳。

不管是新手还是常年使用网络视频的组织，都可以用几种不同办法，让自家的视频内容出现在买家的电脑屏幕和 iPods 上：

◆ **在视频共享网站发表内容**　YouTube 是网上最流行的视频共享站点，当然还有其他同类网站。组织把视频内容发到 YouTube 上，向人们发送链接（期望能产生病毒宣传效应）。普通的视频节目不难制作，你只要一台数码摄像机甚至手机，外加 YouTube 的账户就行了。同播客一样，你可以运用各种加工和编辑技巧把视频做得更专业。YouTube 上最吸引眼球的企业视频来自皇冠的《茶话会》，新英格兰州的老头儿表演的说唱歌曲。它让我想起大学同学，为此我看了好几遍。IBM 尝试着制作伪纪录片（mockumentaries），包括歇斯底里的 3 集系列片《销售艺术》，其风格是连续剧《办公室》（*The Office*）（风格干涩的英国情景喜剧，后也有美国版推出。——译者注）和销售培训视频的混合物。这些公司的视频显然有病毒宣传的效果，我这不正与你分享吗。

◆ **建立在线视频频道**　那些重视在线视频节目的公司建立了有

独立网址的视频频道。例如主打烧烤视频的韦伯烧烤（Weber Grill）的网站"韦伯国度"（Weber Nation），以及每周更新一集的系列片"福特大胆移动"，把观众带入正经历公司成立后最大变革的福特汽车（2006 年福特经历了大幅度员工和政策变革。——译者注）。

◆ **不要在 YouTube 上的视频植入广告**　有些公司悄悄把公司出资制作的视频装做用户生产的内容贴上 YouTube。YouTube 社区的用户很擅长揪出造假视频，所以这种做法是有风险的。

◆ **视频博客**　此词指博客里添加视频内容。博客的文本为视频提供背景资料，也有助于帮助搜索营销。

◆ **视频播客**　视频播客类似博客，不过贴的是视频而非文字，即可以用 iTunes 和 RSS 订阅的系列视频。例如，宝马（BMW）每周用两三分钟的视频讲述宝马近况。宝马用视频播客把公司在全球各地所做的酷事介绍给大众。

◆ **邀请用户制作视频**　包括曼妥思和匡威等的公司都尝试用此法造成病毒营销。公司叫用户们比赛上传视频短片。最佳短片通常会在公司网站上展示，赢者还会得到奖赏。在一些案例中，取胜短片还作为真的广告在电视台播放。

　　coBRANDiT 公司是制作社交媒体视频的公司，战略与开发主脑和创始人之一欧文·麦克（Owen Mack）是用视频进行营销与公关的先驱。在线视频刚出现时，麦克就帮助飘马（Puma）和帕布斯特酿酒厂制定视频营销策略。"视频是博客气质的延伸，"麦克指出，"你是否有风趣的故事可讲？如果没有，你能挖掘吗？你要知道人们现在对你的印象，考虑怎样进行利用。透明和公开是必需的。视频要是能做对了，是非常诱人的。"

创新案例

用视频干掉竞争对手

麦克利用自己对在线视频的兴趣和知识，帮助家人拥有的一家波士顿厨房设备商店促销产品。商店主要向厨师销售餐饮设备。"我们只有4名员工，但我们建立了视频播客，"他说，"我们拍摄有关产品的简单视频，譬如怎样使用厨房刀具。我们用价值300美元的相机拍摄，并在播客上加上我们在易趣的网店地址，人们可以在那里购买。这是低成本、草根的制作视频方式。"

麦克用视频为"厨房艺术"促销，使小公司以大公司做不到的方式表述信息。"我们的竞争对手是威廉-索诺玛那样的地方（著名大型家庭装饰品零售商。——译者注），"他说，"我不可能打造更好的网站来同他们竞争，但我能做更好的视频。我能在网上传递我们的气质，展现我们产品的个性和情况。说到底这些都是家庭录像，但我们介绍了厨具的使用，也以此展示了产品，所以能同大公司竞争。视频制作也很便宜。易趣网店和博客软件加在一起大概才每月50美元。"

"厨房艺术"有近百种产品在线销售，每种都配有视频短片说明。"视频的销售成本极小，意味着我们有着很好的收益。"

麦克把视频看做有效营销战略的重要部分。"无论品牌是大是小，关键在于如何传递你的故事中有趣的吸引人的地方，"他说道，"人人都能做到。较大的公司可以创建品牌专区，让品牌拥戴和支持者激动不已。在博客营销中，视频把博客的双向对话进一步延伸。"

网上音频和视频对销售和传播人士来说还相当陌生。但当你采用新媒介时，以新奇的方式向买家传送信息的可能也很大。当你的竞争对手还在尝试"写博那回事"时，你可以把现有博客进化到音频和视频的新世界，把竞争对手抛在身后。

第 19 节

社交网站与营销

> 在制定以营销与公关为目的的社交网策略时，要记住可信和透明压倒一切。不要拿似是而非的东西糊弄大众。这些线上团体常常因为会员揭露的欺诈行为引起轩然大波，比如广告商为促销产品捏造假的页面资料。

"我的空间"（MySpace）、"脸谱"（Facebook）、"好朋友"（Friendster）和"写稿"（Xanga）等社交网站的走红程度是非凡的。社交网站让用户便捷地创建个人资料，用它同线下的朋友建立网上社交圈，并在线结交新友人。据市场研究机构康姆斯克媒体矩阵（comScore Media Metrix）的调查，截至 2006 年 8 月 MySpace 拥有 5 500 万名独立 IP 访客，Facebook 则有 1 400 万名。当然不是所有访客都创建了个人资料，但确实有数以百万的用户创建了个人资料，与网友分享他们的照片、日志、视频、音乐和感兴趣的事。

来 MySpace 看我吧

在这些网站上营销需要技巧，因为社交网站的社区反感明显的商业信息。他们可以接受的营销和促销通常需要由真正的个人在网站设立页面，然后建立和扩展线上受众。摇滚乐队的成员一般都有 MySpace 页面。例如，波士顿三人乐队格斯特（Guster）的 MySpace 页面很受欢迎，笔者写到此处时他们已有 88 391 位朋友。

大众公司采取了另一个方式。摆着恶搞的架势，大众的营销人员一本正经地为在公司广告中的人物——德国人海尔格（Helga）建立了 MySpace 页面。访客们了解了海尔格的爱好（"我爱汽油味；换挡转动，汽油燃烧，胃部搅动；加速或回家；效率"）和厌恶（"招摇过街的慢车，缓冲球，开转弯灯、40 公里靠左慢行的车；堵车；天蝎座，你不能相信他们"）。用户可以下载铃声、海尔格的图像，他带有浓重德国口音的音频片段。我最喜爱的片段是"我的氙前灯亮着"。海尔格的 MySpace 页面很成功，因为她显然是虚拟的角色，而且是个有趣的角色。是的，这是广告。但因为海尔格是有趣的、有些古怪的虚构在线人物，她真的奏效了（她有 8 632 位朋友）。

有些精明的非营利组织的诀窍是鼓励员工建立个人页面。页面上有他们支持的事业的详细介绍，以此达到传播效果。政治竞选人的支持者（包括竞选人自己）也在社交网上建立页面。和所有出色的营销行为一样，重要的是创建适合目标用户的内容，而那要从选择合适的社交网站开始。

有人想在各个社交网上都建立页面，那并没必要，因为各个网站吸引的用户群体并不相同。"虽然顶级社交网被认为在争夺完全重合的用户，但我们的分析表明，每个网站都吸引了不同的细分受众，"康姆斯克媒体矩阵的执行副总裁杰克·弗拉纳根指出，"MySpace 吸引各种年龄的人，Facebook 占有大学的细分市场，Friendster 吸引的成年用户比重较大，而 Xanga 在青少年中流行。有一种误解，认为社交网是年轻人的独占领域。上述分析表明社交网的吸引力广泛得多。"

在制定以营销与公关为目的的社交网策略时，要记住可信和透明压倒一切。不要拿似是而非的东西糊弄大众(你也许想重读第 17 节讨论的道德准则)。这些线上团体常常因为会员揭露的欺诈行为引起轩然大波，比如广告商为促销产品捏造假的页面资料。是的，你可以用 MySpace 等社交网打造追随者，但格斯特乐队和大众公司的方式是最好的。请避免编造蹩脚的产品支持者的资料。

Squidoo：社交网变成了综合门户网站

另一家叫 Squidoo 的社交网站的基础不仅是个人档案，还包括个人感兴趣的小众话题。Squidoo 是销售人士便捷、免费地在网上树立形象的又一个好方法。Squidoo 是围绕在线透镜建立的，其概念是把人们感兴趣的话题提炼到单个页面上。它由外号叫"原装鱿鱼"的塞思·戈丁创建。他也是优优大的创始人（他在 1998 年卖给雅虎）、"许可营销"的创造者、畅销商业图书《紫牛》（*Purple Cow*）和《小就是大》（*Small Is the New Big*）的作者。有兴趣的人通过查看某主题的棱角，快速被指引到有用的网站。制造透镜的人叫透镜大师，他用透镜提供信息的背景。"每个人都是专家。"Squidoo 网站这么宣称，它帮助大家向世界共享自己的专长。

透镜不是终点，它更像把访客送达目的地的指引。Squidoo 的"常见问题解答"中写道："透镜是起点而非终点。"透镜提供某个话题的详细介绍和相关内容的链接，比如博客、喜爱的链接、RSS 订阅、Flickr 照片、谷歌地图或亚马逊图书。我开创了 5 个透镜，像我那样的透镜大师根本不用花多少精力，每个透镜只需几小时便能创立。我的透镜一直把推荐网站的前五位链接到我的博客以及个人网页——但只有谷歌这样的搜索引擎和我投稿的杂志和营销网站为我增加了访问流量。

文斯·西拉是有 30 多年经验的专业汽车技师，他创建了著名 Squidoo 透镜"汽车修理 - 故障处理"，指向他网站的内容。这个网站是 "生活百科"（All Info About）网站的分支，该网站提供 2 千多页汽车修理资料和 9 千多个疑难解答。"很多人想自己修车，但在网上寻找指定车型的修理资料很难，"西拉说道，"动手修车的部分很容易，难的是发现故障在哪里。通过我的网站和 Squidoo 透镜，人们能免费获得需要的信息，比如怎样调换刹车主汽缸。我还解释原理，例如速度控制器怎么工作。"

西拉的网站流量主要来自搜索引擎，但也有来自 Squidoo 的访客。"上次我查看时，有 21 万条搜索词语指向我的页面。"他披露说。西拉的收录部分来自网站上的广告，部分则来自向他请教具体汽车修理情况的电话咨询。由于人们能在网上找到他，并希望借助他的专业知识，他做的付费电话咨询多达 2 500 多次。"我的内容为我带来更多曝光率，我作为定期嘉宾参加电台节目《美国汽车秀》，我拥有 Squidoo 透镜，通过这些方式，人们被吸引到我的网站。Squidoo 滤镜不需花时间维护，而且能带来流量，所以挺值的。我和其他有汽车修理透镜的人组建了 Squidoo 集团，有些人专供混合动力汽车的信息。"

Squidoo 不仅适用于公司和独立咨询师。看看全球行动基金会（Global Action Foundation）的例子吧。这是一群旨在根除极端贫困的年轻专家建立的非营利组织。基金会通过组织透镜，宣传他们的努力（例如在塞拉利昂资助截肢者和其家庭的项目）。透镜包括反映了基金会旨在根除的极端贫困状况的照片、年轻的美国医学院学生约翰·丹尼尔·凯利的博文链接（他是基金会的积极推动者）和在线捐赠的链接。透镜用整合的内容勾画出基金会的各项工作，使人们更愿意作出捐献。

优化社交网页面

如果你创建了 MySpace、Squidoo 和其他社交网站的页面，并按照第 10 节列出的策划流程执行的话，那么你就在创造能抵达买家、帮助你达到目标的内容，并实现了目标。**虽然社交网不是广告，你依然能利用它把人们引入购买流程。**比如，格斯特乐队的页面有乐队最新专辑、巡演日程及在线购票途径的链接；大众公司的页面有旗下的其他网站的链接；文斯·西拉的页面有资料丰富的个人主页的链接；全球行动基金的页面有可以在线捐赠页的链接。

下面是一些最大限度利用社交网进行营销的方案：

◆ **瞄准特定目标受众** 创建能吸引目标受众的网页对你的组织很重要。通常来说考虑针对某细分市场会更好（如：想自行修车又无法判断哪里坏了的人）。

◆ **引领思潮** 为人们提供有价值、有意思、真正想看的信息。正如你在第 11 节里所记得的，展示自己对市场和买家问题的了解要比对产品的吹嘘更有用。

◆ **可信、透明** 不要冒充别人。那是很卑劣的行为，万一被发现，对公司声誉的伤害是不可挽回的。你妈妈认为是错误的事，恐怕就是错误的。

◆ **添加大量链接** 在页面中提供自己和其他圈内人士的网站和博客链接。人人都爱链接——有链接才有如今这样的互联网。你当然应该链接到和自己有关的网站和作品（比如博客），但还应该链接到同一市场的其他人的网站和作品。

◆ **鼓励人们进行联系** 让人们能轻易在线上联系到你，记得亲自处理粉丝邮件。

◆ **参与** 创建小组并参与在线讨论，成为线上的领袖和组织者。

◆ **让人们能轻易找到你** 在页面添加标签并放入对应主题的目录，鼓励用户在 del.icio.us 和 Digg 上把你的页面加入书签。

◆ **敢于试验** 优秀的网站之所以优秀，就在于敢于尝试新生事物。如果失败了，大可以修改或者放弃，另辟蹊径。没有所谓社交网站专家，我们都在边学边试！

我喜欢网络营销的原因之一是，网络营销的工具、技巧、内容一直在不断进化。**网络营销与其说是一种科学，不如说是门艺术**。买家对线上内容的回应便是对你创意的奖赏。网络千变万化，你刚刚学会写博，又出现了播客和 YouTube。但如果你对新事物抱着开放的态度，就能先于同行，用新途径与顾客交流。不少早期博客在细分市场里依然是最受欢迎的——正是博主的远见赢得了人气。

创新案例

《第二人生》：线上虚拟世界营销现实产品

在为本书进行调查和撰写时，我被名为《第二人生》(Second Life) 的线上虚拟世界所吸引。《第二人生》是三维的在线世界，内容完全由其居民创造并拥有。但它不是游戏，因为它没有目标，也没有计分。这是一个虚拟世界，有着几百万居民和建立在每月数百万美元交易（游戏汇率）的虚拟货币林登美元（林登实验室在美国加州注册，开发了《第二人生》虚拟世界网络游戏。——译者注）之上的经济体系，《第二人生》的世界里充满用自制虚拟人物的玩家，他们通过购买、出售、交易与别人进行互动（也有人只是闲逛和聊天）。你可以购买土地（行文至此，价值 1 200 美元的虚拟币可买一块土地，不过坊间传言地价不久会上涨）、设立商店、赚钱。人们可以出售衣服给虚拟人物，出售艺术品和家具给家庭和公司，真实世界里需要的一切几乎都有卖。当然也有搞欺诈的。但你不必非得经商，你也可以只是闲逛放松。了解《第二人生》的最佳方法是成为其中一分子。它是免费的，但要是你想事先作好准备，我推荐迈克尔·赖玛士斯基 (Michael Rymaszeski)、瓦格纳·詹姆斯·奥 (Wagner James Au)、马克·华莱士 (Mark Wallace)、凯瑟琳·温特斯 (Catherine Winters)、科里·翁达瑞卡 (Cory Ondrejka) 和本杰明·巴特斯通·坎宁安 (Benjamin Batstone–Cunningham) 合写的精彩图书《第二人生：官方指南》(Second Life：the Official Guide)。

"请试着把《第二人生》想象成三维的网页，"运营《第二人生》运作的蜡笔公司新营销部副总裁 C.C. 查普曼打趣道，"这是个虚拟世界，很多人看到它后都说像电子游戏。人们创建代表自己的三维人物，你可以建造房屋、复制大学和真实世界的其他建筑。从营销的角度来看，它会是网页的下一进化阶段，任何想吸引用户的产品、服务、公司，都该在《第二人生》中亮相。例如，加拿大泰勒斯公司在《第二人生》向虚拟人物出售虚拟手机。环球影像在看似曼哈顿阁楼的虚拟场地举办了音乐会。你可以走进环球的阁楼，观看墙上很酷的展品；四处转悠，同别人讨论音乐，甚至可以购买音乐。但这些尝试才刚开始。许多品牌蜂拥而入，我希望公司可以留在《第二人生》，与虚拟社区共同成长，而不是贴张布告就转身离去。"

行文至此时，《第二人生》还是新生事物，知晓率还不算高，但增长速度惊人。如果从现在到本书上架期间他们的访客翻了4倍，我都不会感到奇怪。我只当了几个月的居民（我在那个世界的名字是米尔曼·亨利，万一遇到我记得打招呼），但一点儿没有新手的感觉，因为大家都在摸索。作为在线营销者，我感到有意思的是登录《第二人生》的组织的增长速度。以下是抢先登录《第二人生》的企业中比较有意思的例子：

◆ 互动媒体公司科技资讯网在《第二人生》开了间办公室，看上去与他们在旧金山的办公室一模一样。

◆ 太阳计算机系统有限公司出现在游戏中，他们与游戏开发商有着合作关系。

◆ 苏珊娜·维加在《第二人生》举办了一场现场演唱会，其他主流厂牌的歌手也开始跟进。

◆ 约翰·霍肯伯里是美国全国公共电台（NPR）热门精神健康节目"无限心灵"的主持人，他在《第二人生》中采访了作家库尔特·冯内古特。

◆ 《第二人生》时装店是企业向虚拟人物出售衣服等产品的场所。

从事技术生意的公司是最早进入《第二人生》的。例如服务于技术公司的公关公司文本100（Text100），他们在《第二人生》里有间公关办公室，并为客户举办现场新闻发布会。"我们把虚拟世界看成是博客、维基、社交网和在线论坛等流媒体进化后的下一个阶段。"公司执行副总裁兼流媒体实践部主管乔治·科尔布评论道。

全球知名的新闻公司路透社在《第二人生》开设了世界上第一个虚拟新闻局。用户名亚当·路透的路透社记者亚当·帕西克当上了虚拟的新闻局局长。"像其他记者一样，在事件发生时我会报道，采访居民对话，披露有趣故事，"帕西克说道，"路透社在新闻和金融报道的能力和经验能帮助数千名在《第二人生》做生意的人决定运营策略。哪里有新闻，哪里就有路透。"

随着《第二人生》的成长，越来越多的营销和公关人士开始思考这个在线虚拟世界对其组织的意义。"《第二人生》对大家来说都是新生事物。"实体事务所"我的专业公关"的所长卡米·沃森·哈依士说道。他创建的交流团体每月第二个星期四在《第二人生》中碰面。"虽然我们已会面数月，每次还是有很多没接触过《第二人生》的新人加入，还有记者参加。我们了解到的是，《第二人生》的居民想要更好的体验，所以那些为用户体验增值的公司最有可能成功。请杜兰·杜兰办场演唱会当然很酷，不过要是乐队开间俱乐部，让他们的乐手朋友每月定期举行演唱会，那又会有何等反响呢？"

从人口统计数据分析，《第二人生》的早期居民是理想的营销对象。"他们是有创意和新意的人，受过高等教育，思想独立开明，"哈依士指出，"但从营销与公关的观点来看这可能有点奇怪。你在向谁推销，是《第二人生》里的虚拟人物，还是现实里的玩家？"在一个可以随意更改虚拟人物属性的世界——比如种族、性别和年龄——向谁推销确实是个有意思的问题。当你读到本书时，越来越多的公关开始了解《第二人生》。如果有重要的商业杂志把《第二人生》的故事搬上封面，我一点不会感到奇怪。

可以确信的是，网络营销与公关将继续进化，快速地进化。成功来自实验。没有人一开始就知道如何在《第二人生》这样的网站进行营销。聪明的营销者胜在敢于实验。以路透社为例，在《第二人生》建立第一家虚拟新闻局后，他们赢得了主流媒体连篇累牍的报道。他们由于敢于实验获得了话题性。**任何新媒体的窍门都是：参与进去，千万别先想怎么利用它。成为其中一员！**不管你选择哪个社交网，毫不犹豫地参与进去，看看自己能做什么。

第 20 节

搜索引擎营销

> 最理想的方式是把搜索引擎营销项目分成几十个、几百个甚至几万个人们搜索时确实会用的特定搜索术语。这种方式就像把数千个单独的钩子装到长长的渔线上，挂上有针对性的鱼饵，在最佳时机钓起想要的各种鱼类。

搜索引擎之所以引人注目，是因为它不同于大多数营销模式。它不会干扰用户。回想一下我介绍的"旧规则"营销及以干扰为基础的广告技巧。旧规则要求你干扰电视观众，并指望他们不要调换频道；或在他们整理电子邮件时干扰他们，指望他们别把你的信息归类为垃圾邮件；要不就干扰杂志读者，指望他们会停下看看烦人的活页香水广告。如今广告无处不在：在高速公路沿线的标识上，在超市手推车的两旁，在电梯里。那些干扰不仅让消费者烦躁（做过头的话还会伤害品牌），效果其实也越来越差。

现在，请思考你是如何使用搜索引擎的。不同于没有针对性的干扰式广告，你输入搜索词后，搜索引擎里出现的结果就是你想找的。你找的就是它。这简直是营销人员梦寐以求的。

这里请思考一个重点：本书其实全篇都在讲述搜索引擎营销。请暂停片刻，好好想想这个观点。假如你已经遵循本书介绍的营销与公关新规则，那么你事实上已经建立了出色的搜索引擎营销项目！你从买家个性着手，创建针对性内容，用买家使用的语言谈论他们面临的问题。你通过买家偏好的线上方式（博客、播客、电子书、网站等）发送内容。那些为买家定制的内容会被搜索引擎编入索引……就是如此。你已经完成出色的搜索引擎营销项目了!

不过即便是出色的项目,还可以通过集中焦点更上一层楼。所以我们在本节将讨论如何进一步开发和改进搜索引擎营销策略。我们从几个基本定义开始:

◆ 搜索引擎营销意味着用搜索引擎直达买家。搜索引擎包括谷歌、雅虎等大众搜索引擎,还包括针对某行业或目标用户群的垂直市场搜索引擎。

◆ 优化搜索引擎是确保你的网站、博客及其他在线内容的文字被搜索引擎找到的技巧。一旦内容被找到,网站在自然搜索结果(即搜索引擎算法对关键词的重要性的判断)的排名会尽可能地高。

◆ 搜索引擎广告指当搜索引擎使用者输入营销者出资"购买"的特定搜索词时,广告就会出现在搜索引擎里的广告模式。通常广告以小框出现在搜索某词的自然结果旁边。"谷歌广告词"和"雅虎搜索营销"是两大主要搜索引擎营销项目。营销者押宝在关键词和短语上,与购买同一短语的对手进行竞争。你的广告会出现在短语对应的一列广告中,出现的位置则取决于搜索引擎采用的公式,主要考虑两个因素:你愿意为每位点击广告的人付多少钱(以美元或美分计算),还有点击转化率(点击广告人数除以在搜索引擎上看到广告的人数)。

优化搜索引擎

根据我的经验,人们通常对搜索引擎营销有所误解,因为很多搜索引擎优化公司把这个概念搞得太复杂了。火上浇油的是,许多(不是全部)搜索引擎优化公司也不怎么厚道,信誓旦旦地宣称只要网站上简单捣鼓几下关键词,就可取得上佳效果。也许你看过这种狡猾商人发送的垃圾邮件(我收到过几百条不请自到的邮件,邮件标题类似于"保证搜索引擎顶级排名!")。

虽然很多搜索引擎营销名声在外，并为营销项目创造极大价值，**我还是坚信改进搜索引擎营销的最佳途径就是专心为买家打造最好的内容。搜索引擎营销既不能神秘化，也不能耍小花招。**

当然，有不少有助于搜索引擎营销的复杂技巧和细节并不在本节的论述范围内。有很多优秀的资源库，可以帮助你更进一步了解复杂的搜索引擎营销，尤其是复杂的搜索引擎算法，包括采用的网址、内容中某些词的位置、标签、元数据、站外链接和其他细节。同时，在资源库中也有有关我们在第10节关于讨论添加恰当关键词和短语的内容的补充。一个理解优化搜索引擎的良好起点是搜索引擎观察博客，你可以在这里找到资源和活跃的论坛情报供你探索。我同时推荐由马克·莫兰（Mark Moran）和比尔·亨特（Bill Hunt）合写的图书《搜索引擎营销》（*Search Engine Marketing, Inc.*）。为更多了解搜索引擎广告，请从"谷歌广告词"和"雅虎搜索营销"的入门页和常见问题入手。

搜索的长尾

你也许已尝试过搜索引擎营销，许多营销者都试过。通过和许多组织的合作经验，我了解到搜索引擎营销项目常常因为优化关键词没有针对性而失败。举例来说，旅游行业的公司会把"旅游及度假"作为优化词。我把"旅游"输入谷歌，返回的网页结果有 1.24 亿个。所以想用"旅游"这么普通的优化词出现在搜索结果顶端是异想天开。哪怕你做到了，那也不是人们通常搜索时用的词。用广泛、普通的搜索词语抵达买家是绝对没有效果的。

当你建立搜索引擎营销项目时，你能有所选择。一个方式是用几个极有针对性的词和短语进行优化和宣传，以赢得大量点击。你可以把这种方式想象成远洋渔船用针对某类鱼的大网捕鱼，当然你用大网是能一下捕到几千条鱼，但你几乎把其他种类的鱼都放走了，而且成本不菲。

真正的成功来自引导买家直接进入他们确实在寻找的内容。几年前，我们全家要去哥斯达黎加度假，我在谷歌上输入"哥斯达黎加探险游"，查看了搜索结果顶端的结果（包括自然搜索结果和广告），选择了最吸引我的旅行社。通过电子邮件商议定下日程后，我花几千美金预定了行程，几个月后我们就在热带雨林看到了吼猴。这就是人们实际的搜索方式（搜索网上内容，不是搜索吼猴啊）。如果你从事哥斯达黎加探险旅游业，不要浪费资源优化"旅游"这样的普通词汇。你应该用"哥斯达黎加生态旅游"、"哥斯达黎加热带雨林旅游"等短语来经营搜索引擎营销项目。

最理想的方式是把搜索引擎营销项目分成几十个、几百个甚至几万个人们搜索时确实会用的特定搜索术语。这种方式就像把数千个单独的钩子装到长长的渔线上，挂上有针对性的鱼饵，在最佳时机钓起想要的各种鱼类。你不可能让每个钩子都钓到鱼。但用了那么多带饵的钩子，你肯定能钓到对你最有价值的鱼。

精心打造你的搜索引擎不动产

搜索引擎营销有一个少有提及但极为重要的问题，那就是产品和公司名称的选择要易于用搜索引擎找到。当你考虑新公司、产品、书、摇滚乐队或其他名称时，必须经过系统的思考，试试名字念起来是否好听，看看有没有版权和商标的问题。我建议再加入一个关键步骤：在网上搜索名字，看看会出现什么。如果已经有人采用了类似的名字，我建议你放弃这个名字——哪怕他们来自其他行业。你的营销目标应该是人们在搜索引擎输入书名、乐队名或产品名后能立即找到对应信息。举例来说，在我同意我的著作采用的名字前，我要确认那些书名在网上没有以任何形式被使用过。在搜索引擎上"独占"书名对我非常重要：用《眼球战争》(*Eyeball Wars*)、《用内容兑现》(*Cashing in with Content*) 及《直达买家》搜索，只能找到我的著作或相关评论、文章及讨论。

许多人问我为何在生平资料里用中名，更有人指责我自命不凡。也许我是有点自命不凡，但那不是我加上中名米尔曼的原因。理由很简单：叫戴维·斯科特的人多如牛毛。有一位叫戴维·斯科特的人作为阿波罗 15 号的指挥，曾在月球上行走过。另一位六获铁人三项全能运动冠军。还有一位是来自佐治亚州第 13 区的国会议员。出于澄清身份和优化搜索引擎的目的，我使用戴维·米尔曼·斯科特在众多戴维·斯科特中独树一帜。

这里的经验是，如果你想在网上被发现，需要为自己、产品和公司确立独特的身份，才能从人群中脱颖而出，在搜索引擎中突显自己。当你思考要用的名称时，请在搜索引擎中进行测试，试着想出只属于你的名字。

在登录页让用户行动起来

尽管我不可能介绍完搜索引擎营销的全部细节，我绝对要提及搜索引擎营销者最常犯的错误。大部分人花了很多时间在关键词和短语选择上（那是好事！），也做了很多努力通过优化站点并购买搜索引擎广告，以确保出现在短语的搜索结果前列。但大部分组织没做好登录页，而那却是人们点击搜索结果后看到的网页。

我们再说回刚才的例子。我在筹划去哥斯达黎加度假时，很多短语排行靠前的网站都是用掉包的把戏。我以为得到的是关于哥斯达黎加旅游的针对性信息，结果却被转向至大旅行社、航空公司或连锁旅馆的默认首页。不，谢谢了，我没有兴趣。我要的是哥斯达黎加的信息，不是航空公司或连锁旅馆的，所以我立刻关闭了页面。因为我要的是哥斯达黎加冒险游的信息，我选择了登录页信息最丰富的哥斯达黎加探险。这意味着执行优秀的搜索引擎营销项目需要几十甚至上百个登录页。

> **Point**
>
> 你需要建立有特定内容的登录页，来启发和通知通过搜索引擎来到网站的人。

登录页营销是让目标市场读到你的信息的最容易、最划算的办法之一，也是吸引顾客进入购物流程的极佳工具。简单地说，登录页就是向你所针对的特定顾客群体传达针对性信息的场所。它们不只用在搜索引擎营销上，还用在其他网络营销项目上。比方说，对于在网站的其他页面或博客、电子书等其他内容页链接而来的访客，适合用登录页向他们详细阐述优惠活动，促使他们进行下一步操作。登录页还适用于向目标市场介绍企业、促销新品，向从新闻稿链接而来的访客提供更多信息等方面。优化搜索引擎等营销项目是——这里借用传统销售流程的定义——为吸引潜在顾客的注意而设计的。登录页是你采取下一步行动的根基。一旦你获得观众的注意，引起并开发了客户的兴趣和信任，你的销售团队就得到了大量感兴趣的客户，很容易和他们做成生意，这样你就能指引人们进入购买页面立刻购入产品。

有效的登录页文字应从——你猜对了——买家的角度编写，而不是你的。登录页应该为搜索而来的访客提供额外的信息，而信息应该以他们点击的优惠服务或短语为基础。许多成功企业有着数百个登录页，每个都针对一组特定的搜索引擎营销术语所优化。

不要犯很多企业犯过的错误，把成吨的钱砸入搜索引擎广告项目（购买关键词），然后把所有流量都引到网站首页。因为首页是为众多用户服务的，不可能为每个搜索词语提供足够的信息。请记住下述登录页指导方针：

- **简化登录页的文字和图形**　登录页是用来传递简单信息，并驱使潜在客户对报价作出回复的。别做过头了。
- **登录页的外观、感觉和语气应与公司网站一致**　登录页是公司品牌的延伸，必须同网站的其他内容采用同样的声音、语气和风格。
- **从潜在顾客的角度写作**　仔细考虑谁会访问登录页，为那个特定用户群体撰写文字。让访客感到页面谈的是自己的问题，并且你有解决方案。
- **登录页是沟通，不是广告**　登录页是你用来介绍有价值信息的。广告让用户点击登录页，但潜在顾客到来后，登录页应该把重点放在给买家介绍产品的价值上。
- **引用满意顾客的话**　登录页上一份简单的感谢信可以向人们有

效证明其他顾客对产品满意。只需一两句话以及顾客姓名（可能的话加上单位）就行了。

◆ **使登录页成为独立的网站单位**　登录页的目标是让潜在顾客对产品报价作出回应，已完成销售。要是登录页的流量太低，你可能根本得不到回复。因此有时把登录页独立出来，要比提供主网页的链接更好。

◆ **让行动召唤按钮明确易用**　一定要为想更进一步的用户提供明确的回应机制，让注册、表达兴趣和购买更容易。

◆ **使用多种行动诱因**　你永远说不准哪种诱因会吸引哪个人，所以考虑采用多种诱因。在 B2B 的世界里，你也许还要在同一登录页上提供白皮书、免费试用，投资回报率计算器和报价单。

◆ **只提供必需的信息**　别让潜在顾客填写需要大堆个人资料的注册表，他们会放弃的。只要问需要的最基本情况就行了：姓名和电子邮件，可能的话只问电子邮件。询问多余的信息会降低反馈率。

◆ **别忘了后续工作**　好了，你有了出色的登录页和有效的行动召唤按钮，访问开始上升。很好！不要现在半途而废，确保尽快处理完每个回复。

在细分业务上使用搜索引擎营销

斯卡拉公司服务的市场是如此细分，以至于人们对他们产品的归类都不能达成一致：用过的有数字看板、数字零售、电子展示网、电子告示板，还有几十个其他名称。让销售任务更加困难的是，该市场的潜在客户不集中在任何商展、杂志或行业门户网站上。无怪乎公司总裁兼首席执行官杰勒德·布卡斯（Gerard Bucas）喜欢搜索引擎营销，因为那有助于直达客户。"我们是数字看板行业的先驱，"他说，"我们的服务适用于零售店、公司交流、厂区以及各类商业活动。"由于斯卡拉服务的买家处于不同的市场部门，因此公司没有明确的决策者。零售的决策者是营销部。企业销售的抉择者通常是首席执行官或人事部。公司还为游轮航班、赌场等整合行业提供服务。"既然我们不可能在那么多不同地方打广告来直达客户，我们就利用网站，把重点放在搜索引擎营销上。"

布卡斯说关键是要使用和目标市场里一致的术语，用行话把买家吸引到对应的页面。**"我们密切监测着人们搜索到我们时用的前 30 到 40 个的关键词，"他说道，"一旦发现新的关键词，我们就撰写体现这些词的文章；当词的重要性上升时，我们就扩展内容。"**

对布卡斯而言，有效的搜索引擎营销意味着理解买家，创建带有重要关键词和短语的诱人内容，让搜索引擎把各种内容编入索引。"举例来说，'数字标记'是我们的搜索关键词之一，"他解释道，"我们想出现在这个搜索结果的显眼位置。但我们也关注着'数字符号'和'数字符号们'等类似短语。每个关键词带来不同结果，我觉得这很有意思。"

斯卡拉网站包括详细产品介绍、客户案例研究和数字签名在不同行业的应用信息。"定期的新闻稿和案例研究都是为了让搜索引擎编入索引而作的，"他说道，"有了案例研究和新闻稿后，我们开始把一些短语引入还不太使用这一类产品的市场，在搜索引擎中形成长尾效应。"

斯卡拉有一套销售机会诱导系统，利用搜索引擎把买家引到登录页。在登录页上，流量被引导进公司的各个分销商渠道。在该系统中，公司通过诱因（如免费的演示 DVD）在每个登录页上收集潜在顾客的名字。"分售商很喜欢我们，因为我们不断向他们提供新的引导建议，"布卡斯解释道，"我们有效地帮他们拓展业务，所以他们对我们十分忠诚。我们的合伙人看到了这个系统的价值。"按照布卡斯的说法，系统随时都在管理着超过 4 000 个公开销售机会，在销售流程到达特定节点时会发送电子邮件给潜在对象，实现自动化公关。

斯卡拉的成功证明执行到位的网站内容策略是可以把真正在寻找产品的买家引到登录页的。"我们的发展势头很猛，"布卡斯说，"我们的业务很大比例来自网上诱导——一半以上的业务来自网上。"

如果你打算执行本书的想法，那么从定义上说，你将要从事搜索引擎营销了。你会理解买家，为他们创立优秀的、被编入索引的网页内容。最好的搜索引擎营销源自对买家的关注和理解，而非操纵和欺骗。此外，一旦你执行了出色的内容策略，增加有效登录页和专注长尾搜索关键词会给你带来更加强大的营销财富，其成果可以维持数月乃至数年。

第 21 节

让这一切发生

> 浏览你所在市场的博客，并留言评论，耐心等待你在博客界的信息成型。感觉适应了，你就可以自己创建博客。先设置密码保护，与少数同事分享。得到一定反馈后，再作调整，取消密码，正式亮相。

谢谢你耐心地一直读到现在！我主持的营销与公关新规则研讨会进行到这时段，听众总是激动地想去实践，让这一切发生。他们想立刻动手开始写博客、写新的新闻稿、研究买家角色，以此为拟订营销与公关计划热身，并在计划的指引下打造出内容丰富的网站。假如你是这样，那很好！

但在研讨会和演讲的观众里总有一群人感到压抑。他们抱怨信息太多，不熟悉的新理念太多。要是你是这类人，你也许会觉得本书介绍的人所应对的事对你来说太复杂、太耗时，特别当你的日程已经很紧凑时。嘿，我们都有活儿要做，对大多数人来说，执行书里的想法会是额外的工作。但是营销与公关新规则最棒的一点，就在于你能化整为零地执行那些想法。说实话，我不指望有人全部执行那些想法。我也不是一口气完成的（是的，我承认了，不要外传哦）。是的，我有博客，它对我很重要。但我没有播客，也没制作过原创视频并贴上 YouTube。我只是做我能做的，做对我有用的事。你也该如此。

不同于线下的营销活动，线上的营销活动必须有条不紊、按部就班地推进，直到"关键的日子"到来，网络嘛……是张网啊。你能在任何时候向网站添加内容，因为它是反复而非线性的。想想你或同事给印刷广告定稿的情景吧。每一点都得尽善尽美，需要彻底校对，需要同事们（或你的爱人）纷纷赞同，向广告代理商和印刷厂等第三方筋疲力尽地咨询，最后也最要紧的——花大量的钱。如果出了岔子你责任难逃，所以你对细节不胜其烦。这和网络内容的快速创建、立即查看、当场修改形成了鲜明反差。创建在线内容的压力没那么大。如果创建的网页没有用，你可以删除它。但你删不了印刷广告或直邮宣传活动。所以我建议你选择性地尝试上面的思路，而不要一开始就想通吃，然后为协调这些方法而烦恼。

我工作过的许多企业发现先做买家角色研究是个好方法。通过阅读他们爱读的书、参加他们参加的网上讨论、浏览圈子里的博客，也许采访几位买家，你可以在本书介绍的各种技巧中先作出取舍，选出最合适自己上手的网络营销与公关方法，从它们开始操作。

也有人发现启动的最好办法是在现有网站上（也许包括主页链接而来的访客）为主要市场添加有针对性的思想领袖的内容页。这种方式的好处是不必重新设计网站，只需在已有内容上加些针对性内容。这很简单，不是吗？

还有一个启动策略是浏览你所在市场的博客，并留言评论，耐心等待你在博客界的信息成型。一旦你感觉适应了，可以自己创建博客。你不必立即向世界介绍博客，你可设置密码保护，先与少数同事分享。得到一定反馈后，你可以做出调整，最终取消密码，正式亮相。**最重要的是你要活跃于网络。记住，在网上，你就是你所发布的。**

适合各种组织

你的组织无疑会因为你在网络的活跃和网络内容的创建而获益。但我也确信，不管你是谁，不管你做什么，你的职场和个人生活都会得到改善。倘若你率先采用书中所述方法，你在办公室会得到更多认可。要是你和我认识的博主和播主一样的话，你也能得到放松。写博客、放播客很有乐趣，它让你感觉良好，也让你把自己的理念告诉全世界。

要是你和我一样，你可能偏好写作而不是制作音频或视频。但我也知道许多讨厌写作的人创作出直达买家的优秀播客和视频。这适合于任何组织：公司、非营利组织、摇滚乐队和政治家。人们经常问我："我不过是个 ＿＿（在空白处填上教堂牧师、画家、律师、咨询师、销售代表、汽车销售、房产经纪人等职位）罢了，为什么要建立博客或播客呢？"我的回答是，那样你不仅能用有针对性的内容直达买家，你也会得到乐趣——网络内容人人都能做，而不是大公司的专利。

事实上，我最喜欢的一个营销与公关新规则成功案例来自一位非同寻常的营销者：华盛顿特区教堂的一位牧师。那不是典型的教堂，因为没有场地。作为代替，他用视频技术、博客、播客和网络来讲故事，建立起覆盖线上和线下的宗教社区。

"教堂必须用技术来直达教徒，15 世纪的古登堡就用印刷品做到了这点。"民族团体教堂的主牧师马克·巴特森说。民族团体教堂是位于华盛顿特区市区的流动教堂，每周在 3 个非传统场地做 5 次礼拜。"大多数教堂都有建筑，但我们认为教堂建筑会成为一些人参与的障碍，所以把场地设在剧场里，还建造了华盛顿特区最大的咖啡屋。"

民族团体教堂的与众不同之处在于巴特森把科技和网上营销应用在教堂上。剧场教堂的网站内容丰富，包括介绍每周礼拜情况的播客，鼓动人的网络系列片、视频、电邮新闻报和巴特森主笔的流行博客"电子灵修"（宣传口号："精神燃料"）。"最伟大的信息理应配上最好的营销，"巴特森说道，"广告业和好莱坞老练的营销手法给我很大的挑战。我觉得我们也应该和他们一样聪明地传递信息。"

民族团体教堂周末平均出席者超过千人，70% 是 20 多岁的单身人士。"我想之所以吸引这个群体，是由教堂的个性导致的，"巴特森指出，"我们教堂的两个关键价值，是可信性和创新性。这是在我们的工作中自然而然反映出来的。我认为教堂应该是地球上最富创意的场所。中世纪教堂用彩色玻璃向文盲居多的忠实礼拜者讲述福音故事。我们用电影工作室向人们讲故事，用录像来为宗教的宣传增加色彩和风味。要是耶稣的时代有录像，我不会因为他制作短片而惊奇。"

巴特森对网站、播客和在线视频（以及礼拜时播放的影片）的关注意味着民族团体教堂的工作人员有一些独特的职业头衔，包括"媒体教堂牧师"、"数字教堂牧师"和"人气协调员"。"我们想把技术用于高尚的目的，"巴特森宣称，"我们的网站和我的博客是民族团体教堂的门面。从这个意义上说，网站是虚拟的教堂。听播客和看网络视频的信徒比参加礼拜的人多得多，这是这些人尝试宗教的最佳方法。他们能在亲自参加礼拜前找到些感觉。"

巴特森在网上的名声超出华盛顿特区，他的博客被全球数以万计的访客阅读，教堂的播客也成为美国发展最快的教堂播客之一。他还在 2006 年 10 月出版了图书《雪日与狮子同穴：如何在机会到来时生存并繁荣》。"写博缩短了人们的距离，"他说，"我写作，因为我知道澳大利亚的教堂牧师、印第安纳州的家庭主妇、华盛顿特区的朋友和教徒都是我的读者。博客营销力量无穷。举例来说，上周我在博客中提到我的书，并请我写博客的朋友也转发内容。结果书在亚马逊畅销书排行榜里跃居 44 位，亚马逊当天就卖完了库存，马上又下单 1 000 本。"

巴特森对教堂利用网络实践的热情也引起了几千位浏览他博客的教堂领袖的高度关注。"口碑营销和我所说的鼠标营销是最有力的两种营销方式，"创建了循道宗（Methodist）教堂，曾在马背上颠簸 25 万英里，布道约 4 万场的约翰·韦斯利（John Wesley）说，"我只需轻点鼠标，就能用播客做多场布道，那就是鼠标营销。这意味着活用网络中的独特工具。**信息没有变，是介质变了。我们需要持续寻找新的介质来传递信息。**"

该你出手了

网络内容的威力和营销与公关新规则是不是很厉害？一位没有教堂的教堂领袖，通过创造性地使用博客、播客和视频，成为了该领域的翘楚，出版了一本畅销书，拥有几万名忠心耿耿的追随者。不管你信不信教，你肯定对巴特森的精明和运用新规则直达客户印象深刻。

　　你也可以做到。无论你从事什么工作，也无论你想抵达哪种买家，你都可以利用网络的力量，直接抵达目标受众。

　　如果你和我的读者、咨询客户、研讨会听众中的大部分人一样，你的同事会就新规则同你争论。他们会说旧规则依然管用。他们告诉你在广告上要花大钱。他们还会告诉你公关的唯一途径是让媒体为你写作。现在你应该明白他们大错特错了。要是我还是不能说服你，那么本书介绍的50来位创新人士一定可以。请继续努力！像书中介绍的榜样那样，连上网络，该出手时就出手！

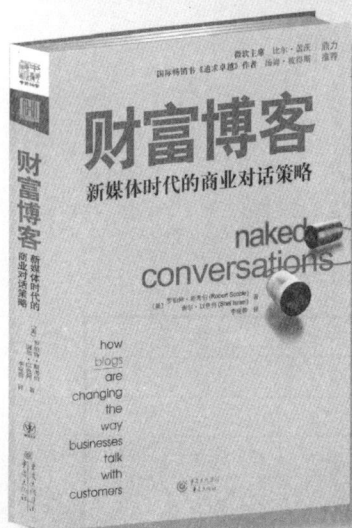

短信查询正版图书及中奖办法

A. 电话查询

  1. 揭开防伪标签获取密码，用手机或座机拨打 4006608315；

  2. 听到语音提示后，输入标识物上的 20 位密码；

  3. 语言提示：你所购买的产品是中资派商务管理（深圳）有限公司出品的正版图书。

B. 手机短信查询方法（移动收费 0.2 元 / 次，联通收费 0.3 元 / 次）

  1. 揭开防伪标签，露出标签下 20 位密码，输入标识物上的 20 位密码，确认发送；

  2. 发送至 958879(8)08，得到版权信息。

C. 互联网查询方法

  1. 揭开防伪标签，露出标签下 20 位密码；

  2. 登录 www.Nb315.com；

  3. 进入"查询服务""防伪标查询"；

  4. 输入 20 位密码，得到版权信息。

中奖者请将 20 位密码以及中奖人姓名、身份证号码、电话、收件人地址和邮编 E-mail 至 szmiss@126.com，或传真至 0755-25970309。

一等奖：168.00 元人民币(现金)；

二等奖：图书一册；

三等奖：本公司图书 6 折优惠邮购资格。

再次谢谢你惠顾本公司产品。本活动解释权归本公司所有。

读者服务信箱

感谢的话

谢谢你购买本书！顺便提醒你如何使用 ihappy 书系：

◆ 全书先看一遍，对全书的内容留下概念。

◆ 再看第二遍，用寻宝的方式，选择你关心的章节仔细地阅读，将"法宝"谨记于心。

◆ 将书中的方法与你现有的工作、生活作比较，再融合你的经验，理出你最适用的方法。

◆ 新方法的导入使用要有决心，事前作好计划及准备。

◆ 经常查阅本书，并与你的生活、工作相结合，自然有机会成为一个"成功者"。

<table>
<tr><td rowspan="13">优 惠 订 购</td><td colspan="2">订 阅 人</td><td></td><td>部 门</td><td></td><td>单位名称</td><td></td></tr>
<tr><td colspan="2">地 址</td><td colspan="6"></td></tr>
<tr><td colspan="2">电 话</td><td colspan="3"></td><td>传 真</td><td colspan="2"></td></tr>
<tr><td colspan="2">电子邮箱</td><td colspan="2"></td><td>公司网址</td><td></td><td>邮 编</td><td></td></tr>
<tr><td rowspan="2">订购书目</td><td colspan="7"></td></tr>
<tr><td colspan="7"></td></tr>
<tr><td rowspan="2" colspan="2">付款方式</td><td>邮局汇款</td><td colspan="6">中资海派商务管理（深圳）有限公司
中国深圳银湖路中国脑库 A 栋四楼　　　　邮编：518029</td></tr>
<tr><td>银行电汇或转账</td><td colspan="6">户　名：中资海派商务管理（深圳）有限公司
开户行：招行深圳科苑支行
账　号：81 5781 4257 1000 1
交行太平洋卡户名：桂林　　卡号：6014 2836 3110 4770 8</td></tr>
<tr><td colspan="2">附 注</td><td colspan="6">1. 请将订阅单连同汇款单影印件传真或邮寄，以凭办理。
2. 订阅单请用正楷填写清楚，以便以最快方式送达。
3. 咨询热线：0755-25970306转158、168　　传　真：0755-25970309
E-mail: szmiss@126.com</td></tr>
</table>

→利用本订购单订购一律享受 9 折特价优惠。

→团购 30 本以上 8.5 折优惠。